生活文化叢書

多元新文化，跨域創新機

——臺灣新銳學者的人文新視界

孫劍秋　主編

目次

序

　　本書為科技部數位人文計畫「臺灣故事 2.0：多元文化匯流與地方文創的跨域實踐」研究成果，總計收錄十二篇學術論文。

　　第一篇為金門縣金城國民中學許維民校長之〈閩臺文化匯流的金門城隍信仰〉，探討金門獨具地方特色的城隍信仰。本文介紹了城隍信仰的歷史、金門的城隍廟、城隍遷治後浦的故事、城隍廟的眾神明，以及城隍廟的建築與匾聯。

　　第二篇為金門縣金湖鎮柏村國民小學陳為學校長之〈從五、六十年代國軍建備戰的視角略談金門的七所將軍學校〉，探討金門七所將軍學校的人文歷史。本文梳理「將軍興學」的時代脈絡與歷史背景，介紹七位當年興學的將軍與學校，有尹殿甲將軍興建的金湖國小，郝柏村將軍興建的柏村國小，王多年將軍興建的多年國小，馬安瀾將軍興建的安瀾國小，雷開瑄將軍興建的開瑄國小，韓卓環將軍興建的卓環國小，以及孟述美將軍促成的述美國小。

　　第三篇為國防大學政戰學院兼任助理教授于易塵之〈就金馬戰地特色之淡化回顧文武的意涵：申請世界遺產的另類思考〉，回顧金馬戰地所擁有的多元文化、文武兼備特質，提出申請世界遺產作一項非觀光性的文化思考。

　　第四篇為國立臺灣戲曲學院副校長孫劍秋、國立高雄師範大學國文系兼任助理教授洪靖婷之〈「河洛歌子戲團」閩臺文化多元匯流研究（1991-2008）〉，以河洛歌子戲團於一九九一至二〇〇八年間所製作的七部大戲為討論對象，研究文本呈現的閩臺兩地文化多元匯流現象。

　　第五篇為東海大學景觀學系助理教授兼副總務長吳佩玲、東海大學景觀學系所研究生陳楚蕓之〈探討都市公共空間於時空變遷中的角色轉化與定位：以臺中市建國市場為例〉，採用田野調查與深度訪談的方式，蒐集資料並剖析曾為臺灣中部地區最大零售市場的建國市場過去四十年的歷史記憶，並分析周遭的自然、人文、景觀與遊憩資源環境，以及臺中市中區與東區未來發展願景，獲得建國市場舊址未來發展之最佳方案。

　　第六篇為國立金門大學華語文學系助理教授邱凡芸、國立臺灣戲曲學院副校長孫劍秋之〈奧斯本檢核表應用於璞石藝術之研究〉。璞石藝術為臺灣本土獨創之一門藝術。本研究旨於應用奧斯本檢核表理論，透過轉用、應用、改變、擴大、縮小、替代、重組、顛倒、結合這九項研發新產品的原則，分別檢視璞石藝術作品、璞石文創產品，並探索發展璞石周邊商品之可能。

　　第七篇為佛光大學產品與媒體設計學系助理教授高宜淓、國立雲林科技大學設計學研究所教授黃世輝之〈竹工藝人才培育之研究：以南投縣為例〉，以文獻分析、深入訪談等研究方法，探討國立臺灣工藝研究發展中心與竹山鎮公所在竹工藝人才培育的歷程與分析，以回應當今文化創意時期，傳統竹工藝面對微型化與轉型之際，其竹工藝技藝人才的傳承與培育。

　　第八篇為國立中興大學農業暨自然資源學院森林學系副教授柳婉郁，以及真理大學觀光數位知識學系邱乙凡、鍾雅筑、張璨云、孫健豪、莊家萌之〈「飛」入尋常百姓家：華人社會領導航空品牌再造之路——以華航為例〉，以中華航空為例，探討旅客對中華航空品牌之「品牌形象」、「品牌價值」與「體驗感受」之看法與其影響因素。透過網路發放問卷對有搭乘中華航空經驗之旅客進行調查與統計分析。資料分析工具包括信度分析、敘述統計分析、獨立樣本 T 檢定、迴歸

分析、相關分析、單因子變異數分析等，並依據研究結果，提出結論
與建議。

　　第九篇為福建工程學院建築與城鄉規畫學院副教授邱婉婷、國立
臺灣師範大學設計學系教授施令紅、崇右技術學院視覺傳達設計系助
理教授邱培榮之〈海報設計中邊界的二元性研究〉，從邊界主題系列
的展覽作品中，分析海報作品的符旨與符徵、毗鄰軸與系譜軸、外延
與內涵三種設計界使用符號學方法論。研究結果為歸納出本展覽主題
的設計師或藝術家關於「邊界」主題之多元二元性觀點，為對比性、
本質性、動態性與宣示性的設計表達方式。

　　第十篇為國立體育大學休閒產業經營系副教授黃雲龍、桃園市大
埔國小教師魏欣怡、新北市林口國小教師施欣怡之〈新媒體在閱讀素
養翻轉教學的創新應用〉，透過個案分析，分別探討新興的翻轉教學平
臺，以及重要的網路內容策展個案，包括可汗學院（Khan Academy）
與均一教育平臺的實踐經驗、YouTube Campus、VoiceTube，以及臺
灣數位學習科技的最新平臺。嘗試探索新媒體在閱讀素養翻轉教學創
新應用的可行途徑，以及如何培育教師成為新媒體融入教學現場的專
業發展重要議題。

　　第十一篇為實踐大學應用中文系助理教授郭妍伶、實踐大學應用
中文系兼任講師何淑蘋之〈新住民歌唱活動在華語教學與文化融合上
之應用〉，以來自東南亞之新住民為研究對象，透過了解各地學校識
字班課程安排、歌唱比賽舉辦情況、設計問卷統合分析，探討歌唱活
動在華語教學與文化融合上的應用，及過程中出現的相關問題。經調
查、整理後，得出三點結論與建議。

　　第十二篇為臺北市私立復興小學雙語部國語老師林淑娟之〈探究
遊學戶外教育和體驗學習之自我實踐與成長〉，以活動課程（Activity
Curriculum）為設計原則，採體驗學習（Experiential Learning）與戶

外教育（Outdoor Education）做為遊學者學習心理的基礎，教學技法則運用順流學習法（Flow Learning）、參與觀察法（Participant Observation）為策略來指導遊學者，最後，根據研究結果提出具體建議，以作為日後辦理遊學活動課程及後續研究者的參考。

　　本書跨越不同專業領域學者，為臺灣文化產業，提出創意、數位、人文等不同層面之探索。期待未來有更多研究者投入此領域，使臺灣的多元文化資產，有機會展現於國際舞臺。

　　　　國立臺灣戲曲學院副校長　孫劍秋　謹誌　二〇一六年春

閩臺文化匯流的金門城隍信仰

許維民*

一　城隍信仰的歷史

　　「城隍」最初是指古代人民居住地四周所修築的兩種防衛設施，即圍牆與壕溝，其中「圍牆」可用土夯築，或用石塊壘砌，名之為「城」；環城之外，挖有「濠溝」，名之為「隍」。城又有內城、外城之分，內城曰城，外城曰郭；隍又有有水無水之別，有水曰池，無水曰隍。因此城隍兩字即指屏障民居聚落的「城郭濠池」，有了這「城郭濠池」，居民自可免除野獸和外族的侵略，人民的生命財產也因此得到保障，在萬物有靈的觀念下，人們以為「城郭濠池」具有靈性，因此對它產生崇拜，認為它是城市的守護神，這是中國對城隍信仰產生的由來。

　　中國對城隍的信仰，歷史甚早，相傳是始於周禮的「蜡（音ㄓㄚˋ）祭」，《禮記‧郊特性》這麼記載：「天子大蜡八，伊耆氏始為蜡。蜡也者索也。歲十二月，合聚萬物而索饗之也」，所謂大蜡八，是指在年終時為了酬謝與農事有關的八種神靈而舉行的祭禮，又稱「八祭」、「八蜡」、「大蜡」。

　　這八祭是祭哪八種神明呢？晉朝杜預曾作如下解釋：「蜡祭八

神：先嗇一、司嗇二、農三、郵表畷四、貓虎五、坊六、水庸七、昆
蟲八。伊耆者，堯也。索，求索其神也。合，獨閉也。閒歲之月，萬
物各已歸根復命，聖人欲報其神之有功者，故求索而亨祭之也。」其
中居第七的「水庸」，即是指城池濠溝。

明太祖朱元璋稱帝，建都南京後，立即大封城隍，認為城隍是陰
世的地方官，如同陽世的地方官，有官職、轄區、等級，因此在洪武
二年為城隍封爵，據《明史・卷四十九・禮八》載：「京都為承天鑒
國司民昇福明靈王；開封、臨濠、太平、和州、滁州，皆封為王；其
餘府為鑒察司民城隍威靈公，秩正二品；州為鑒察司民城隍靈佑侯，
秩三品；縣為鑒察司民城隍顯佑伯，秩四品」。

洪武三年（1370），明太祖又下詔對城湟「去封號，止稱某府、
州、縣城隍之神。又令各廟屏去他神，定廟制，高廣視官署廳堂，造
木為主，毀塑像，舁置水中，取其泥塗壁，繪以雲山，六年製中都城
隍木主，遣官賚香幣奉安京師，城隍既附饗山川壇，又於二十一年改
建廟，尋以從祀大祀殿，罷山川壇春祭。」（《明史・卷四十九・禮
八》）

城隍在明代儼然有極大神威，在北京的都城隍「凡聖誕節及五月
十一日神誕，皆遣太常寺堂上官行禮，國有大災則告廟」（《明史・卷
四十九・禮八》），同時地方上的城隍廟，祀典時主祭的人也明定身
分，「在王國者王親祭之，在各府州縣者守令主之。」

清代，對城隍信仰崇敬有加，除了通令各府州縣廳建壇或廟，並
將祭城隍列為國家祀典，歲增春秋二祭。而城隍似乎成為地方官的上
級，地方守土官上任要卜日，前往城隍廟舉行就任奉告典禮，而後才
視事，稱為「城隍齋宿」；此外「每月朔望，守土官詣廟行香，行二
跪六叩禮，遇暘雨愆期，則禱於廟。」（《清會典》）因此有地方官官
署存在的地方，必定建有城隍廟。

新官到城隍廟祭拜，祈求城隍暗中相助，並向城隍立下肅官愛民的誓約，這是假借神道，利用百姓對城隍的畏懼，來馴服民心，鞏固政權。

二　金門的城隍廟

洪武三年，朝廷詔告天下廣建城隍廟，金門隸屬福建泉州府同安縣的一個都里級地方，按理不夠格建顯佑伯級的縣城隍廟，但明末清初，江南各地出現了無數的集鎮級城隍廟，有些地方不止一座，甚至三、四座，這種現狀不僅黎民百姓樂於接受，地方官吏也默許並主持修建。

金門也在這股流風之下，小小的島嶼，從明到清，陸續出現了三座城隍廟。

（一）田浦的城隍廟

民間傳說田浦的東嶽城隍廟是金門最早的城隍廟，廟額為「泰山廟」。

明太祖洪武二十一年（1388），江夏侯周德興曾在田浦築有「周一百六十丈，基廣一丈，高一丈八尺，窩鋪四，東西門二」的巡檢司城，田浦巡檢司城有城牆，自有崇拜城隍的廟祠，但此廟在清初亦毀於遷界，此後變革不詳，今廟是民國五十八年國軍長江部隊重修，此廟城隍配祀有城隍夫人，每年八月十五是神誕日。

（二）金門城的城隍廟

洪武二十年（1387），周德興也在金門城，築了個千戶所城，時所城駐軍有一千一百二十人，軍戶民戶聚居當地，自然也少不得有城

隍廟，只是不詳何時開始建有城隍廟。

金門城的城隍廟，島民俗稱大城隍，神誕日是農曆五月十七日，舊廟幾經修葺，不得其詳，只知清道光三年，珠山人薛道南曾主持重修，民國後毀於國共砲火，民國五十四年鄉民鳩資重建，廟額名為「古地城隍」，七十二年又再重修，民國八十六年拆除舊廟，改建成不見木的廟宇，八十八年落成。

（三）後浦的城隍廟

民間相傳後浦城隍是金門城城隍的「分香」，陳龍於康熙二十一年（1682）遷總兵署至後浦，後浦變成金門島上的中樞區域，但未見陳龍有建城隍廟的記載。

清嘉慶十八年（1813），文應舉與士紳重建城隍廟，落成後，在廟壁所嵌的一塊碑記有：「今之城隍廟，廢於勝國遷移之時，迄今僅傳故跡，尋其坐向基址，敗瓦零石，已無復存之者。」之句，可知「勝國遷移之時」之前，後浦已有城隍廟。

所謂「勝國遷移之時」，是指明鄭與清廷對抗時代，清康熙二年（1663），清廷在閩粵等地厲行遷界令，當時毀城墮屋，使得後浦原有的城隍廟也遭「廢」，到了清嘉慶十六年（1811），後浦的城隍廟是「僅傳故跡，尋其坐向基址，敗瓦零石，已無復存之者。」才有文應舉等人倡議重建之事。

三　城隍遷治後浦的故事

清代，城隍廟的香火比明朝燒得更旺，清廷除了通令各府州縣廳建城隍廟供城隍，並將祭城隍列為國家祀典，除了神誕日，又增春秋二祭。

　　清代，城隍神明似乎成為地方官的上級，地方官上任要先前往城隍廟舉行就任奉告典禮，而後才視事，這稱為「城隍齋宿」；此外「每月朔望，守土官詣廟行香，行二跪六叩禮，遇暘雨愆期，則禱於廟。」（《清會典》）可知城隍信仰的榮重，因此在清代，地方官署所在的地方，必定建有城隍廟。

　　清康熙十九年（1680），清廷在金門設置綠營總兵官（正二品），是金們最高級的武官，首任總兵鎮臺是漳州人陳龍，他原本「置轄於所城北門外」，但因「艱於子息，有喉之家於浦者，壬戌，陳遂移駐吾家，於是荒城兵墟漸成堅壘。」這是後浦《許氏族譜》中許亮勳在康熙四十四年（1705）的記載。

　　《許氏族譜》所載的「壬戌」，是指清康熙二十一年（1682），該年陳龍把總兵衙門從金門城移到後浦的許獬故宅──「叢青軒」，這是清廷在後浦設官治守的開始，從此後浦成為金門島上的軍事、政治、經濟、文化的中心，後浦城也從「荒城兵墟漸成堅壘。」

　　鎮臺陳龍從康熙十九年（1680）任金門總兵，先駐金門城北門，後在康熙二十一年（1682）移駐後浦「叢青軒」，康熙二十二年癸亥（1683）夏，陳龍「載整水軍，同靜海將軍候施公，東克澎湖，八月撫有臺灣，置郡縣焉，凱旋入笞，天子親賜燕勞，恩禮特隆，載辭還鎮」，從這方鐫刻於清康熙二十六年（1687）的《清總兵陳龍功德紀》，可知陳龍隨施琅攻復臺灣（康熙二十二年）後，有功見賞，但陳龍謙辭寵賜，返任金門總鎮，五年後，金門在他掌理之下「島之婦子嬉於室，島之苗黍芃於郊，蜃煙晝靜，里門夜開。」陳龍並重儒教「以此邦夙敦詩禮，立書院，延里中士黃君顯為諸生師，安攘並施，教養兼事，豈不偉歟。」觀此碑，可知陳龍任金門鎮臺，算是一個好官，在他掌治之下，島民安居樂業，五穀豐登，敦詩書，教禮樂，甚受百姓稱頌。

《許氏族譜》載，陳龍總兵於「丙子春（康熙三十五年）卒於署」，可知陳龍從康熙十九年到康熙三十五年，一直任職金門總兵，長達十有七年，算是有功於金門的大老爺，從《清總兵陳龍功德紀》，知陳龍曾在後浦立書院，但未聞有建城隍廟。

在清朝，地方上的親民官建造城隍廟是一件必要的大事，清雍正十二年（1734），清廷移正八品的同安縣丞駐金門後浦，這是清廷首次在金門設立文官親民牧民，並且建有衙門官署，乾隆三十一年（1766）時，縣丞移至灌口，改移晉江安海通判（正六品官）駐金門，作為地方上最高的文官，乾隆四十五年（1780），金門才又改置縣丞。

金門歷經雍正、乾隆、嘉慶三朝，最高的文官有通判或縣丞，但皆無建造城隍廟的記載，一直到距陳龍遷治後浦，一百三十二年後的嘉慶十八年五月，文應舉才以金門左營遊擊從三品官的身分號召眾人，重建了城隍廟。

有了城隍廟，百姓要行廟會祭祀也才有了地點，城隍爺的香火也才旺盛起來。

每年的農曆四月十二日，後浦人舉辦盛大城隍遶境巡安，傳說這天是陳龍從金門城遷署移駐後浦的紀念日，這天盛大的廟會遶境，是紀念後浦在金門島上地位的提升，或是緬懷那位好官的功勳，是紀念陳龍大老爺，或是推崇文應舉大人，還是殷勤的後浦人，一年一度感謝城隍爺的庇護呢！這個古老的問題，就讓裊裊上升的煙霧去問天上的神明吧！

那麼金門的城隍，又是何方神聖？

金門在明清屬福建泉州府同安縣管轄，所建的城隍廟只是集鎮級的城隍廟，所供奉的主神比照同安縣城隍。

同安縣城隍無主名，或謂是蘇緘，這蘇緘是宋仁宗寶元間進士，

宋神宗熙寧時在雲南的邕州任知州，南方的交阯蠻入侵，蘇緘率軍民固守四旬，城破，闔家自焚死，因此宋神宗賜諡「忠勇」，後來交阯蠻又攻桂州，見到宋軍大匹人馬從北方衝來，軍中大喊「蘇城隍督兵來報仇啦」，這一喊，交阯兵潰荒而逃，於是南寧、桂林當地百姓就立保護他們的蘇緘為城隍，同安人也尊崇蘇緘的英勇，祈求他的神威來庇佑，也立他為守護同安城的城隍爺。

四　城隍廟的眾神明

洪武三年（1370），明太祖詔告天下，對城隍「詔去封號，止稱某府、州、縣城隍之神。又令各廟屏去他神，定廟制，高廣視官署廳堂，造木為主，毀塑像。」

這則詔令，規定了城隍廟的建築型式，高廣要比照當地官署廳堂的型式大小，因此廟有殿堂，亦有各房司的廳房。明太祖又主張回歸城隍的自然崇拜，只造木主，不存塑像，但塑像崇拜的習俗已然根深柢固，各地的城隍廟並沒全然遵旨照辦，到了明朝中葉，各地的城隍廟大都恢復了城隍的塑像。一座城隍廟，通常有：

（一）城隍爺

城隍廟的主人城隍爺，大多採文人的扮像，浯島城隍照明朝遺制，應為「縣城隍，賜封伯爵，秩四品，稱顯佑伯」。他頭戴官帽、臉形溫文有威儀、蓄長鬚、神色安然坐在太師椅上，兩手拱抱一支笏板。

（二）文判官和武判官

城隍即是冥界的地方官，自然有許多神將部屬，分擔司法與警察的神務。如同陽世衙門的公堂兩側，必有僚屬，以壯排場。

因此城隍座殿下方兩側，分別是文判官（左）和武判官（右）。

判官本是唐代的職官名稱，是協助地方官處理政事的副官，移到冥界後，判官是協助城隍爺的助手。

民間傳說文判官名叫康子典，武判官名叫龐元志。兩者均頭戴軟翅紗帽，腰束犀角大帶，腳踏歪頭皂靴。

文判官的扮像是粉臉蓄黑鬚，眼神平靜，身穿圓頂紅袍，右手握生死筆，左手持善惡簿，是協助城隍爺審判罪犯的善惡、壽數與罪刑。

武判官的扮像是黑臉蓄紅鬚，圓瞪雙眼，身穿圓頂綠袍，手持圓錘，是負責收押、執行懲罰的工作。

（三）七爺和八爺

七爺又名謝將軍，俗名謝必安；八爺又名范將軍，俗名范無救。

謝范二將軍，一位身高一丈四，一位身高五尺。

傳說他倆是福建閩縣人，自幼情同手足，有一天相約外出，走到南台橋下，天將雨，七爺要八爺等待，他回家拿傘，不料，一會兒豪雨傾盆，河水暴漲，八爺為了遵守約定，不願離開橋下，竟因身材矮小，被水淹死，當七爺拿傘趕來，八爺已被洪水捲走，七爺痛不欲生，也要投河殉死，卻因身材太高，水淹不死，就吊死在橋頭的樹下，這一幕感人的故事被玉皇大帝知道後，就派他們當城隍爺的部下，負責捉拿陽世作奸犯科的罪徒來接受城隍爺的審判。

謝將軍身長，頭戴白帽，上書「一見大喜」四字，口吐紅舌，眉頭緊鎖，一臉惶恐狀，身穿白袍，右手拿一把羽毛扇，傳說扇子的每一根羽毛，都寫著惡人的名字，左手拿令牌，人見人怕，又稱「白無常」。

范將軍矮胖，頭戴黑帽，面色黝黑，臉額有深深皺紋，眼眶深陷，瞳孔突出，嘴巴開啟，有憤怒神色，身穿黑袍，左手拿著「賞善

「罰惡」的牌子，右手持枷鎖鐵鍊，又稱「黑無常」。

這兩位捕拿惡鬼的專差，形狀怪誕，叫人懾服，有人說「謝必安」，就是酬謝神明則必安，「范無救」，就是犯法的人無救。

（四）董排爺和李排爺

城隍爺的僚屬中，負責執杖行罰的皂隸，是董、李排爺。

董、李排爺頭戴方帽，紅面蓄髯，口露紅舌，腰繫黑巾，身材壯碩，神情嚴肅，手執杖板，靜立下方，隨時等待執行犯人的廷杖。

（五）六房司

城隍爺比照省、府、州、縣，行政層級的不同，神格亦不同，亦有十八司、十六司、十二司、六司等僚屬的差別。

浯島城隍是縣級的城隍，有財帛司、福德司、衡文司、採訪司、速報司、功德司等六司。

人們認為城隍是陰間的地方官，日理萬機，自然需要一些佐理之官，這六司各有職掌，協助城隍爺處理財帛糧稅、土地轄境、功名利祿、偵察善惡、呈報上官、記錄功德等陰世事務。

（六）馬軍爺

城隍廟的馬軍爺，是負責傳遞神明的軍令，或是職管豢養神明的座騎，隨時應付緩急公務。

（七）解冤公

城隍爺「可鑒察民之善惡，俾幽明舉不得倖免」，因此黎民百姓遇有冤屈經常投訴城隍爺，表明心跡，日理萬機的城隍爺只得靠分身來分勞，浯島城隍廟中的「解冤司」即是城隍爺的分身。

「解冤公」，青臉黑鬚，頭戴王冠，身穿文武甲，腰繫玉帶，眼睛圓凸，面容威凜，頗有震懾威武的精神，亦有謝范二將軍佇立兩側，緝拿惡徒，襄贊公務。

在城隍廟中「解冤公」獨奉一廂，香火旺盛，顯然位高權大，凌駕各屬神之上。

五　城隍廟的建築與匾聯

後浦在明朝就有城隍廟，只是康熙皇帝下達遷界令，島民紛奔內地，城隍廟宇才蕩然無存，清嘉慶十八年，文大人倡議重建，才有型制比照知縣府衙的城隍廟，那座「賜封伯爵，秩四品，稱顯佑伯」的城隍廟，經過一百八十年，讓浯島的善男信女點燃無數對城隍爺的崇拜，歷經清朝民國多次整修，一直到民國八十二年才拆毀重建，改建後的城隍廟是一座雙簷飛脊鋼筋混凝土建築，配置有前殿、拜殿、後殿，及東西兩廂，匾額題為「浯島城隍」。

廟的大埕有一只青斗石的香爐，廟的前殿，有龍攀石柱，左右牆堵浮雕龍虎，麒麟、花鳥人物座騎；左右兩廂有人物座騎、瓶案花草石雕及團龍窗，整個城隍廟的鏡面以青白石搭配插榫組砌，保有傳統廟宇的建築風華。

如今不見木的屋簷垂飾吊筒，網狀斗拱，金帛漆飾，富麗輝煌，屋脊是歇山重簷式，垂脊剪黏人物，中脊蟠龍護珠，頗是美觀。

城隍廟開有三門，中間大門有石鼓夾柱，楹聯是：

未進此層門，須先自問心有何愧
既生乎斯世，要當深思德必無慚

這是清光緒十四年陽月吉旦，調署金門分縣來棨題。

進入大門，如同天下各地城隍廟的規制，樑下高掛一具大算盤，算盤的中枋橫書「千算萬算不由人算」，城隍爺掌管陰陽兩界，這只大算盤即在計算人間的功過善惡，珠兒起落，歷歷分明，哪容得人們掩過飾非，這只算盤是清道光歲次丁酉年（1837）孟春吉旦，欽命世襲男爵邱聯恩敬立，邱聯恩是浙江水師提督邱良功之子，邱良功撲滅大海盜蔡牽，澤蔭九代，只可惜清朝變民國，將門男爵的後代留下這具大算盤，算是替城隍廟增了光輝。

今後浦城隍廟內，古匾凡八塊，由前殿到後殿，依序排列，高懸樑下，分別是：

「誠祈感應」匾。（上款：光緒十九年癸巳孟夏吉；下款：分知同安縣事南昌萬鵬敬酬）

「保我黎民」匾。（上款：道光乙巳年花月穀旦；下款：署金門縣丞長謝宋鑲敬書）

「威靈海嵩」匾。（上款：同治歲次己巳仲春月穀旦；下款：特授金門縣丞山陰程瑞齡敬立）

「惠我無疆」匾。（上款：光緒拾年歲次甲申正月穀旦；下款：署金門分縣嘉善潘其源敬獻並書）

「億兆蒙庥」匾。（上款：咸豐癸丑夏季穀旦；下款：陞授泉州府同安縣知縣李湘洲敬立）

「鑒觀有赫」匾。（上款：嘉慶歲次癸酉季夏吉旦；下款：鎮守福建金門總兵官林孫敬立）

「海天福主」匾。（上款：嘉慶癸酉梅月；下款：里人文應舉敬題）。

這些匾額告訴人們後浦城隍廟輝煌的歷史，及城隍爺護祐黎民及蒼生百姓的虔誠心意，而城隍廟內最震懾人心的莫過於那一對對警世的楹聯。

從大門進入拜殿，金碧輝煌，柱上有古字新雕的半邊聯：

> 捍災禦患無非為國為民以安浯島
> 福善禍淫正是教忠教孝共仰神明

這是「同治歲次丙寅清和吉置；欽賜花翎特授福建水師提標後營遊擊調署金門鎮標右營遊擊謝國忠敬題」。

城隍廟內，謝范將軍神像的對聯最教人警醒：

> 逢善人恭敬他不了，遇惡徒豈怕你是誰。（范將軍聯）
> 爾舉念休欺了自己，我到頭曾放過何人。（謝將軍聯）

城隍廟的左廂供奉「解冤公」，神龕兩側的對聯：「天下事無非是假，世間人何必當真。」這是光緒丁亥年季春上浣（光緒十三年），南昌萬鵬與銀同韓汝為同敬立。

城隍廟最神聖的殿堂，就屬後殿，四點金柱撐起三通五爪的棟宇，金碧輝煌。城隍爺高坐殿上，文武判官，謝范將軍，董排爺等分立兩旁，肅穆威嚴，前點金柱的楹聯：

> 造物最忌者是巧任他巧計千般徒做惡人未必便宜得去
> 神明惟恪之以誠只此誠心一點廣行善事自然感應能通

這是信官「浯江分宰南昌萬鵬與金營都閫銀同韓汝為」，於「光

緒十三年歲次丁亥季春上浣」同敬酬的。

　　神龕的上方樑柱高懸「海天福主」匾，這是嘉慶癸酉梅月，自稱里人的文應舉大人敬題的，一百九十年前，文大人倡議建廟，迄今，所獻的匾額仍高懸在城隍廟殿內最尊崇的位置，算是對文大人表示一點崇敬的心意吧！

　　後點金柱的楹聯：「善惡本殊途莫云善小無為惡微待掩善惡到時終有報；陰陽皆一理那見陰誅可免陽法能除陰陽相輔總難欺」。

　　城隍廟的古匾楹聯，高掛廟堂，傳達了神靈護祐蒼生，規範了黎民百姓的行為舉止，也反映了百姓對待城隍爺的虔誠心意。

從五、六○年代國軍建備戰的視角略談金門的七所將軍學校

陳為學*

一 前言

中國歷史上著名的戰役如「赤壁之戰」、「淝水之戰」和國共近代的「古寧頭戰役」，它們都有一個共通點，那就是原是強勢的一方，因主帥驕兵輕敵，在敵情不明的狀況下出兵，結果都敗在一個「水」字，三次戰役的結果，也都分別開創了歷史的新局，而五○年代的「八二三臺海戰役」，又再次改寫兩岸人民的歷史。

金門地區自民國三十八年，國軍進駐後，先後經歷「古寧頭戰役」、「大二膽戰役」、「九三砲戰」、「八二三砲戰」、「六一七戰役」等重大戰役的洗禮，自是讓金門一躍成為保障臺海安全的反共堡壘。

本人基於整理地方鄉土文獻的職責，擬於今日向諸位遠道而來的貴賓，以「從五、六○年代國軍建軍備戰的視角，略談金門七所將軍學校的興建」為題，以人物簡介為寫作體例，以蒐集鄉土人物史料為面向，分別整理出在金門戰地，以其名諱命名的七所學府，但因時間有限，僅能以人物略傳方式來呈現，同時在書寫過程中，特別彰顯人

---

* 金門縣金湖鎮柏村國民小學校長。

物與地緣的密切關係，期待藉人物史蹟的脈絡，呈現金門地靈人傑的
戰地風貌。

二 「將軍興學」的時代脈絡與歷史背景

要談金門的戰地文教建設，首推胡璉將軍與其關係最為密切與
深厚。

金門自東晉開發以還，凡一千六百餘年，其中，政績與治績同受
人民敬重與愛戴的統治者，吾得二人焉，那就是被尊稱為「恩主公」
的唐朝牧馬侯陳淵，再就是被金門同胞普遍推崇的「現代恩主公」胡
璉將軍了。

根據民國九十二年（2003），由金門縣政府所彙整的〈金門現代
恩主公──胡璉將軍〉一文所揭櫫的：

> 胡璉上將，字伯玉，陝西華縣人。民國三十八年、四十六年，
> 曾兩度主持金門軍政，並帶領軍民先後締造「古寧頭大捷」、
> 「八二三砲戰」的勝利。之後努力建設金門成為三民主義模範
> 縣，勤政愛民，民眾因感念而尊稱他為「金門現代恩主公」。
> 民國六十六年六月二十二日病逝臺北，靈骨海葬金廈海域，享
> 年七十一歲。

國軍於民國三十八年十月二十五日，結束世界聞名的「古寧頭大
捷」後，金門局勢才漸趨穩定。胡璉將軍致力建設金門成為三民主義
模範縣，積極從事地方文教與經濟等建設，開始著手培植地方人才，
改善民眾生活。其一貫為民的施政重點為「宏教」與「厚生」，即重
視金門教育、培養人才、改善居民生活、提升生活水準。

茲將胡璉將軍對金門教育的貢獻，於下簡述一二，以概其餘：

胡璉將軍對推動教育，培植地方人才，不遺餘力：大力推動地方教育，積極增建學校，政府補助經費，並鼓勵駐軍指揮官興建學校，於是有尹殿甲將軍興建金湖國小，郝柏村將軍興建柏村國小，王多年將軍興建多年國小，馬安瀾將軍興建安瀾國小，雷開瑄將軍興建開瑄國小等學校，留下將軍建校的美談。……

從胡璉將軍「大力推動地方教育，積極增建學校，政府補助經費，並鼓勵駐軍指揮官興建學校」的積極倡導，於是才有「尹殿甲將軍興建金湖國小，郝柏村將軍興建柏村國小，王多年將軍興建多年國小，馬安瀾將軍興建安瀾國小，雷開瑄將軍興建開瑄國小」等記載可知：金門在五、六○年代「將軍興學」的幕後功臣，就是被金門人尊稱為「現代恩主公」的一代儒將胡璉將軍了。

三 簡介七位當年興學的將軍與學校

（一）尹殿甲將軍興建金湖國小

金湖國小舊景一

金湖國小舊景二

金湖國小舊景三

金湖國小，為民國四十年，尹殿甲將軍擔任金防部軍部政戰處主任時所興建。尹將軍後來升任陸軍總部政戰部中將主任，有關尹殿甲將軍的資料，尋找不易，但略知其子嗣有一名叫「尹建中」者，乃前臺大人類學系教授，惜今亦已隕歿。

唯根據金湖國小校史記載，其前身包含原來的太武小學與湖前小學，兩校均創立於民國四十年，教師大部分由軍部（軍部舊址，即今山外村之「番仔樓」）政戰處人員兼任，歷經刁茂田、許永設、黃國斌、盧六英、王金錠、楊太平等校長。

當年的太武小學設於山外村，湖前小學設於湖前村，尹將軍膺命易地建校後，乃將新校命名為「金湖國小」；聽聞於地方耆宿陳大吉老師言，多年前，尹將軍之哲嗣尹建中教授，曾專程來金，力爭金湖

國小應正名為「殿甲國小」未果，其所持之理由厥為：「其他六所由將軍興建的國小，均以籌建之將軍命名，獨漏金湖國小，自所不宜！」

（二）郝柏村將軍興建柏村國小

郝柏村將軍玉照

根據《維基百科》所載資料顯示：郝柏村係陸軍官校十二期砲科畢業，其後隨即加入抗日戰爭，參加過一九三八年廣州戰役同一九三九年皖南戰役。後又隨孫立人所率領中國遠征軍三八師赴緬甸作戰，兵敗後退入印度休整。一九四八年國共內戰遼西會戰（遼瀋戰役）期間，從錦州前線被召回，成為蔣介石侍從官。臺灣前國防部長郭寄嶠上將係其外父。

一九五八年金門砲戰（八二三砲戰）發生時，在小金門擔任第九師師長，奉命率部戍守小金門（烈嶼）有功，因而獲頒雲麾勳章同虎字榮譽旗，並陞任金門防衛司令部師長。一九七七年四月，晉陞陸軍二級上將，調陞國防部副參謀總長。一九七八年六月，掌陸軍總司令。一九八一年十二月由蔣經國總統晉任一級上將，並調陞國防部參謀總長，在職八年。參謀總長原來兩年一任，因種種特殊情況一再延任，成為歷任在職最久的參謀總長。

根據柏村國小「學校沿革」記載：「民國三十五年，本校創立；前身為私立料羅、蓮庵二所小學。民國四十二年，二校分別稱為金門

縣金湖鎮料羅、蓮庵國民小學。民國四十六年，本校校舍的興建，由擔任金防部砲兵指揮官的郝柏村將軍的統籌督導下，順利完成建校工作。民國四十七年，新校落成於現址，合併二校。易名為金門縣金湖鎮柏村國民學校。後因八二三砲戰，無法啟用，仍在舊址上課。為了感念其負責創校的功績，特以其名作為校名，本校也因此命名為『柏村』國民小學。」

（三）王多年將軍興建多年國小

民國八十三年將軍回到多年國小參觀

王多年將軍簡歷：根據《帶領海鵬南飛的勇者──劉鼎漢將軍紀念館》之《國軍近代將領簡介》（共162篇）。

學歷

　　東北軍事預備學校畢業、陸軍軍官學校第十期步科（1933-1936）、陸軍大學正規班第十八期受訓（1941）、革命實踐研究院軍官訓練團高級班第一期受訓（1951）、革命實踐研究院黨政軍聯合作戰班第一期受訓（1952）、國防大學（三軍聯合參謀大學）聯合作戰系第三期（1954）、美國陸軍參謀大學特別班受訓（1956）、國防研究院第二期受訓（1960）。

經歷

　　陸軍軍官學校見習官、陸軍軍官學校入伍生團連附、陸軍軍官學校學生總隊區隊長、陸軍第七十一軍幹訓班隊附、陸軍第七十一軍幹訓班隊長、陸軍第八十七師少校參謀（1940）、陸軍第八十七師司令部中校參謀（1943）、陸軍第八十七師第二六〇團副團長（1944）、陸軍第八十七師第二六〇團團長、陸軍第八十七師參謀長（1947）、陸軍第七十一軍參謀長（1948）、第十一綏靖區幹訓班副教育長（1949）、陸軍第五十軍參謀長（1949）、陸軍第二十一兵團幹訓班教育長（1949）陸軍第五十軍第二六八師副師長（1949）、陸軍第五十軍第一〇七師副師長（1950）陸軍第五十軍軍官戰鬥團大隊長（1950）、陸軍第五十軍第九十一師師長（1950）陸軍第八十七軍第九十一師師長（1951）、陸軍第八十七軍第十師師長（1952）總統府高參（1952）、國防部第三廳少將廳長（1955）、陸軍第八軍軍長（1957）兼金門防衛司令部副司令官（1957）、陸軍第二軍團中將司令（1961）、金門防衛司令部司令官（1961）、兼金門防衛司令部政務委員會主任委員（1961）、陸軍總司令部副總司令（1965）、晉升陸軍二級上將（1966）、國防部副參謀總長（1972）聯合勤務總司令部總

司令（1977年4月-1980年4月）、三軍大學校長（1980-1984）、總統府國策顧問（1984-）

　　根據「多年國小校史」記載：本校於民國三十五年，暫借民房創立，原名「私立溪湖小學」，民國三十八年，由華僑籌資興建校舍，校址設於溪邊；民國四十三年，為金防部兩棲偵察隊徵用，之後，概由村民提供房舍，作為教學之所，方便學子之學業，免於中輟。

　　繼於民國四十七年，由陸軍第八軍部隊長王多年將軍，在現址闢建校舍，學子終於有了固定之學習環境，為了崇功報德，併鄰近之大洋、溪湖兩校，定名為「多年國民學校」。

　　在民國四十七年八二三砲戰期間，部分校舍受損，為了師生安全，學校遷往溪邊、大洋二村，暫借民房上課，至民國五十一年八月，敵我對抗暫緩，校舍經整修竣工，奉令復校。民國五十七年，配合延長國教，正式更名為「多年國民小學」，民國六十七年，開始附設幼稚園（今名「幼兒園」）。

（四）馬安瀾將軍興建安瀾國小

馬安瀾將軍戎裝照

　　根據《維基百科》所載：馬安瀾（1916-2001），遼寧遼中人，中

國軍事家。黃埔軍校第十期步兵科畢業。西安事變時，任蔣中正侍衛班長，於聽到槍聲時趨前保護蔣，屈身幫蔣翻越華清池招待所高牆。

陸軍大學第十八期、三軍聯合大學畢業，美國陸軍指揮參謀大學結業。歷任團長、副師長、師長、軍長、金門防衛司令部副司令、十軍團司令、金門防衛司令部司令、陸軍副總司令、陸軍總司令、副參謀總長執行官、總統府參軍長、總統府戰略顧問。一九七五年三月，任中華民國陸軍總司令，晉升二級上將。一九七八年六月，調任參謀本部副參謀總長兼執行官。一九八一年十二月，調任總統府參軍長。一九八六年，改任中華民國總統府戰略顧問。二○○一年八月一日病逝於臺北三軍總醫院。

根據「安瀾沿革」記載：安瀾國校於民國四十七年夏，金門防衛令官胡璉，令馬安瀾將軍在現址建校，命名「安瀾國校」。

（五）雷開瑄將軍與建開瑄國小

雷開瑄將軍接受戰鬥營女隊員獻花

根據「開瑄國小」校史記載：民國二年創於瓊林村、原名為「私立瓊林小學」、抗戰期間停辦，民國三十五年抗戰勝利復校，民國三十九年由行政公署接辦、改名為「瓊浦區中心國校」，民國四十年八月改名為「金湖中心國校」，民國四十六年八月改名為「瓊林國民學校」，民國四十八年八月金瓊鄉成立、改為「金瓊中心國校」。

民國五十三年二月遷至中興崗現址、為紀念建校部隊功績、奉令更名為「金瓊鄉開瑄中心國校」，民國五十四年十月金瓊鄉裁併金湖鎮、始改現名──「金湖鎮開瑄國民小學」，民國六十三年八月，正義國小劃併本校為正義分校，民國六十六年八月，增設附設幼稚班兩班於瓊林怡穀堂，民國六十七年八月，正義分校增設附設幼稚班兩班，民國七十四年八月，怡穀堂幼稚班遷回校本部上課，民國八十七年八月，正義分校奉令獨立更名為「金湖鎮正義國民小學」。

（六）韓卓環將軍興建卓環國小

韓卓環將軍戎裝照

韓卓環將軍簡介：請參閱由其哲嗣韓英俊先生於民國九十三年九月二十六日所恭撰的〈韓卓環將軍事略〉。

根據金門縣烈嶼鄉卓環國小「校聞紀要」記載：民國五十二年（1963）二月二十日，烈嶼中心校舍落成，學生由烈嶼聯合國小遷回，政府為感念當時韓卓環將軍督導興建之功，特將學校命名為「卓環中心國校」；此為「卓環」國小命名之濫觴也！

（七）孟述美將軍與述美國小

孟述美將軍戎裝照

孟述美將軍生平：一九四七年，任第十八軍十八師五十四團團長。一九四八年十一月，人民解放軍發動淮海戰役，將黃維兵團十、十八、十四、八十五等四個軍，全部包圍在雙堆集狹小地區。孟述美隨十八軍被圍，奉命率部轉戰，與中國人民解放軍鏖戰晝夜，傷亡慘重。後奉命突圍，得以逃脫。

一九四九年傷癒出院歸隊，晉升重建的第十八師少將副師長。同年夏，由贛移防潮汕，調升四十三師長。

一九五〇年初奉命撤退臺灣，任十八師長。一九五二年接防馬祖。一九五四年先後任第十軍及第十一軍副軍長。一九六三年調任陸軍第一士官學校校長。一九六五年升任第八軍中將軍長。一九六六年

轉任第二軍軍長，一九六七年調任陸軍步兵訓練指揮官，一九六九年提任第一軍團副司令。

其後，在金門防衛司令部副司令官任內，司令官馬安瀾將軍以其名諱「述美」命名學校，解決了地方仕紳「官西國小」或「西官國小」多時相持不下的僵局。

述美國小現址，原名「東溝」，乃兩里（官澳及西園）里民把土地一塊一塊捐出來，才有今天的規模，雖然校地面積僅有一公頃左右，但是麻雀雖小，五臟俱全，如今的述美國小，儼然已成為地區一所「小而精」、「小而美」、「小而強」的美麗學府了！

一九七四年四月至一九七七年六月，將軍任憲兵司令部司令，陸軍二級上將，至一九七八年屆齡退役，改任行政院國軍退除役官兵輔導委員會副主任委員。一九八五年二月一日退休。

一九八〇年，將軍患腫瘤，進行切割手術，後因肺炎、胃出血併發症，搶救無效，於一九八六年九月十三日逝世，享年七十歲。

四　儒將立典範，典型在夙昔──建軍中不忘備戰，備戰中不忘興學

如今，尹殿甲將軍興建的金湖國小，郝柏村將軍興建的柏村國小，王多年將軍興建的多年國小，馬安瀾將軍興建的安瀾國小，雷開瑄將軍興建的開瑄國小、韓卓環將軍興建的卓環國小、王愛華將軍興建的愛華國小（今廢），以及，以孟述美將軍命名的述美國小，在經過半個世紀歲月的淘洗以後，除愛華國小外，其餘仍然屹立不搖於金門的教育界，真可以說是戰地教育的奇蹟了！

這些學校，在各位功在國家、效命疆場、馬革裹屍、不改其志的將軍庇蔭下，繼續以其「鷹揚之勢」、「王者之姿」傲然挺立於天地

間，為教育下一個半世紀、一世紀，甚至世世代代的金門民族幼苗，繼續繼志述事、踵武前賢、贊益庠教、發光發熱，讓我們以最敬禮，向這些勞苦功高、功在黨國的老將領們致敬吧！

撫今追昔，歲月不居，所可慨嘆者，如今，除了郝柏村將軍（1919年生，已97歲高齡）依然健在以外，其餘的諸位老菩薩、老將軍，遺憾的都已從絢麗歸於平淡，先後成了「古人」；但是，他們為教育金門子弟，為金門人開創教育的不朽功績，將永世流傳，永遠受到世世代代的金門人、乃至國人、世人的無限懷念與景仰。

就金馬戰地特色之淡化
回顧文武的意涵

──申請世界遺產的另類思考

于易塵*

摘要

　　本研究旨在從金馬戰地（1949-1989）特色淡化後，回顧金馬戰地所擁有的多元（文武兼備）文化特質，擬為申請世界遺產作一項非觀光性的文化思考；依行政院文化部規畫目前臺灣周邊地區具世界遺產潛力點有十八項，包括：玉山國家公園、金門戰地文化、馬祖戰地文化……等為思考範圍，而以金門為核心。金馬地方政府與在地文化專業人士亦分別提出若干具有特色的地點作為申請遺產之準備，除了發展觀光、繁榮地方，主要寄望將歷經戰火以及五十年慘澹經營的戰地、戰地政務與人文價值作有意義的保存，作為歷史見證。金馬除了作為防衛臺澎的前線，具體地拒止敵對力量的進犯，亦微妙地吸收化解了威懾嚇阻，長期維護臺澎穩定之外，金門更是中原、閩南人文薈萃的重要所在，而且此種無形的人文氣息與其散發的文武兼備的氛圍，或為維持臺海穩固的關鍵力量；近年來在兩岸良性互動中，金馬

---

*　國防大學政戰學院兼任助理教授。

又發揮了微妙而重要的緩衝與潤滑功能。在申請世界遺產之際，以尚武不武的戰地文化作為探索主題，或有相當意義。然此一主題範疇亦呈多元特性，牽涉眾多領域，在有限條件下，擬以金門幾個申遺據點為準，就原用兵設計、規畫與經營有關戰爭哲學、文化意涵、人文記憶等為焦點，進行概要研析，並整理出相關參考論述。本文與曾經參與金門申遺的專業人士請益，並就曾經在金馬戰地服務過的人士討論，針對過去之歷史梗概、建設細節、文化價值等進行調研整理，對於歷史文獻與記憶的保護或有相當助益，而對於未來申請世界遺產作業或有若干參考價值。

關鍵詞：文化變遷、戰地文化、世界遺產

一　前言

　　研究金、馬島群曾經戰地及後轉型，在認知時會出現許多問題意識。例如：

一、明清及一九四九年後，重要工事、據點構置，包括防衛政策、作戰構想及自衛隊發展。包括：古寧頭、大陳撤退、八二三等戰役期間的戰備概要。

二、歷任省主席、縣長；司令官、指揮官，美軍顧問團暨西方公司以及戰地政務時期的各項舉措，對自然生態、食衣住行育樂等影響。

三、國軍的戰場經營、戰地政務對地方建設（植樹、水庫、港口）影響，以及當地奇聞軼事、文化發展及文物保存等。

　　欲作全面而有效益的描述、解釋甚至預測與本題旨有關的（申請世界遺產）論述，是過度簡化且有失尊重的。因此，本文擬採歷史研究途徑，運用文獻研究、人物探訪等方法，搜整已成為世界遺產的特色作為參照座標，濃縮外島島群至金門一地為議題重點，配合金門地區發展的特色、人文與軍事重要人物作為等，歸納整理出有關之人文影響的特質、兵學思想的根源、戰地政務的重要、作為世界遺產的價值，主旨概以「齊學」精髓《逸周書》之「尚武不武」[1]為信念，為金馬逐漸被淡忘的戰地歷史作一個註腳。

1　根據淡江大學國際事務暨戰略研究所教授李子弋老師在「鈕先鍾先生百歲紀念戰略思想學術研討會」（2012年9月2日）指導後研究。

二 行文標的──申請世界遺產

（一）世界遺產的意義與評定準則[2]

世界遺產（World Heritage）又譯為世界襲產，是一項由聯合國支持、聯合國教育科學文化組織負責執行的國際公約建制，以保存對全世界人類都具有傑出普遍性價值的自然或文化處所為目的。

甄選世界遺產的標準以文物的真實性與完整性為主。世界遺產不僅是旅遊行銷的金字招牌，也是對前人文化遺產保護的承諾。世界遺產分為文化遺產、自然遺產及複合遺產。[3]其中文化遺產（Cultural Heritage）指「有形」的文化遺產，和聯合國教科文組織的「非物質文化遺產」不同。

非物質文化遺產（Intangible Cultural Heritage）中文亦譯為無形文化遺產，根據聯合國教科文組織《保護非物質文化遺產公約》的定義是：「被各群體、團體、有時為個人視為其文化遺產的各種實踐、表演、表現形式、知識和技能及其有關的工具、實物、工藝品和文化場所」。[4]

文化遺產（Cultural Heritage）類依《保護世界文化和自然遺產公約》規定，屬於文物、建築群、遺址之一者，可經審查列入。提名列入《世遺名錄》的文化遺產項目，須符合下列的一項或多項標準：

一、代表一種獨特的藝術成就或創造性的天才傑作；

2　http://twh.boch.gov.tw/world/index.aspx

3　http://zh.wikipedia.org/wiki/%E4%B8%96%E7%95%8C%E9%81%97%E4%BA%A7

4　http://zh.wikipedia.org/wiki/%E9%9D%9E%E7%89%A9%E8%B4%A8%E6%96%87%
E5%8C%96%E9%81%97%E4%BA%A7

二、在一定時期內或世界某一文化區域內，對建築藝術、紀念物藝
　術、城鎮規畫或景觀設計方面的發展產生極大影響；

三、能為一種已消逝的文明或文化傳統提供一種獨特的至少是特殊的
　見證；

四、可作為一種建築或建築群或景觀的傑出範例，展示出人類史上重
　要階段；

五、可作為傳統的人類居住地或使用地的傑出範例，代表一種（或幾
　種）文化，尤其在不可逆轉之變化的影響下變得易於損壞；

六、與具特殊普遍意義的事件或現行傳統或思想或信仰或文學藝術作
　品有直接或實質的聯繫。只有在某些特殊情況下或該項標準與其
　他標準一起作用時，此款才能成為列入《世界遺產名錄》的理
　由。

　　提出一遺產需要滿足「突出的普世價值」十個條件之一，方可能
被接受記錄納入世界遺產，詳細條件請參考網路資料。[5]

（二）臺灣周邊地區具世界遺產潛力點

　　根據我國文化部門及文創工作專家群的研究，目前臺灣周邊地區
具有申請世界遺產的潛力點概有十八項，概為：[6]

　　玉山國家公園；大屯山火山群；太魯閣國家公園；棲蘭山檜木
林；澎湖玄武岩自然保留區；金門戰地文化、馬祖戰地文化；卑南遺
址與都蘭山；淡水紅毛城及其周遭歷史建築群；水金九聚落；臺鐵舊
山線；阿里山森林鐵路；蘭嶼聚落與自然景觀；澎湖石滬群；排灣族

5　http://eportfolio.lib.ksu.edu.tw/~4990M043/wiki/index.php/%E4%B8%96%E7%95%8C%
　E9%81%BA%E7%94%A2

6　http://twh.boch.gov.tw/taiwan/index.aspx?lang=zh_tw

及魯凱族石板屋聚落；桃園陂塘；烏山頭水庫及嘉南大圳；樂生療養院……等。

其中金、馬戰地文化已然在本土有相當共識。謹參考聯合報二〇一五年三月三十日〈臺鐵臺北機廠可以不只是鐵道博物館──德國魯爾區廢棄礦廠的再發展經驗〉[7]大文的若干觀點作為研析起點。邱秉瑜先生在文中提醒：德國魯爾區的工業遺址轉型經驗，係歷時十年的區域規畫，雖尊重原有歷史脈絡但又不受其侷限，終能發展出更多樣的再利用方式。從各方意見中可知文化遺產的意涵、認定與詮釋是多元的，亦可能是歧義的。

臺灣歷史資源經理學會於二〇一一年首度提出東起南港瓶蓋工廠、西至萬華糖廍文化園區──臺北「鐵道沿線產業遺產群」的概念，由此視角看，北廠的定位就不只是簡單的火車維修機廠，而是一條龐大工業暨運輸軸帶上的重要亮點。北廠於一九三五年落成時被稱為「東洋最大的鐵路工場遷建計畫」；當今，北廠建築的大跨距鋼構與大面積開窗仍十分壯觀，堪稱日治臺灣工業建築典範之作。[8]邱文遂將臺北廠與德國魯爾廢礦區對比，產生另人深思的啟示：[9]

> 佔地十七公頃的北廠，座落在總面積二四五七平方公里、人口如今發展為七百〇五萬的大臺北都會區中。而德國有名的工業心臟，總面積四四三五平方公里、人口八五七萬的魯爾（Ruhr）都會區中，也有一塊佔地二十公頃的「關稅同盟礦區」（Zeche Zollverein），其礦業於一九八六年停產，歷經巧手規畫後，如今卻成為整個魯爾區結構轉型的重要指標。就宏觀

7　http://opinion.udn.com/opinion/story/7885/804989
8　http://opinion.udn.com/opinion/story/7885/804989
9　同前註。

條件來看，魯爾區跟臺北可以類比；但關稅同盟礦區從停產至今近三十年的再發展歷程，又有什麼特殊之處，值得借鏡？關稅同盟礦區被聯合國教科文組織（UNESCO）指定為世界遺產，理由包括：

一、保留了一個歷史礦區的完整基礎建設。

二、見證了一個重要產業一百五十年的興衰史。

三、體現了二十世紀現代主義運動的建築成就，尤其是包浩斯式（Bauhaus）的建築語彙。

（三）人文化成原就多元歧義

「文化」隱含著變動，具有多元定義，廣義的文化包括文字、語言、建築、飲食、工具、技能、知識、習俗、藝術等；主要包括器物（物質文化）、制度和觀念（精神文化），簡化地說就是社會價值系統的總和；若「文化是指人類生活之綜合的全體」[10]含意過於寬泛，則當前因全球化、資訊化而益趨複雜的「文化是想像與意義的鏈結。……文化是一個可以和諧、分離、重疊、爭論、連續或不連續的想像與意義的鏈結。……這個鏈結可以透過廣泛的人類社會團體與社會實踐來操控。……在當代文化中，這些想像和意義製造的經驗透過大眾媒體影像以及資訊的迅速激增而強化。」[11]

「文化」一辭在華文中是「人文化成」的簡稱，即其前提是有「人」才有文化，有人文而後化成社會；「文」是基礎和工具，包括語言和／或文字，本有錯綜多元之意涵；而「教化」方為重心所在，教化是人群精神活動和物質活動的共同規範，是共同規範產生、傳承

---

10 錢穆：《文化學大義》（臺北市：正中書局，1952年1月），頁4。

11 Jeff Lewis 著，邱誌勇、許孟芸譯：《文化研究的基礎》（臺北市：韋伯文化，2006年），頁17-19。

以及得到認同的過程。然而，女性主義裡有個「性侵文化」（rape culture）名詞，也就是說當一個社會對性別與性抱持特定態度，導致強暴被合理化、正當化。亦有專家就思考方法提出系列大文，例如：〈臺灣的「多元包容」停錯了地方〉[12]。凡此，對於認知本質多元之「戰地文化」的提醒，或具有相當的警惕作用。

三　金門戰地蘊涵豐厚文化

（一）變態的戰地涵常態的文化

金門總面積為一五〇‧四五六平方公里，島形中狹，東西端較寬，誠如金錠狀。金門除大金門本島之外，尚包括小金門、大膽、二膽、東碇、北碇等十二個島嶼，星羅棋布，如眾星拱月，現住人口六萬八千餘人。金門島主峰為太武山，獨冠嶼上。島上無大河長江，浯江溪、金沙溪均為涓涓細流，源短量小。金門屬亞熱帶海洋性氣候，全年降雨量多在四至九月，年平均降雨量為一〇四九‧四毫米。金門島內最古老的地層以花崗片麻岩為主，土壤概以砂土及裸露之紅壤土為代表，自然條件不佳，農業發展受限。金門地理條件不良，卻孕育出豐厚人文氣息，確有究其原由的價值。

首先，金門因戰禍而成戰地，並非僅受戰爭刺激而茁壯，傳統文化的習染或為動因。「長久以來，金門經常處於各種軍事、武裝威脅之下，長達數百年，迭受海盜侵擾，近代更有來自外國勢力的挑戰；二戰以後，海峽兩岸的軍事對峙……也讓金門肩負著兩大世界政治體系在東亞地區戰略平衡的重任。」[13]近半世紀餘，金馬戰地曾經數次

12　2015-04-14 http://opinion.udn.com/opinion/story/6067/835662

13　簡雪玲總編輯：《金門申遺軍事遺跡潛力點：九宮坑道、翟山坑道、獅山砲陣地》（金門縣：金門縣文化局，2013年12月），頁8。

面對戰爭洗劫、數以萬計的居民毫無反擊能力地堅忍歷年數十萬發砲彈轟擊，默默承受護衛後方生存的使命，而數以萬計的軍隊在歷經敗陣轉進之後，終能昂揚戰志、擊退犯敵、立定腳跟，復由不斷換防的部隊，再接再厲、勵精圖治、臥虎藏龍，經營戰地及政務，直接間接地維持臺海周邊的安定與發展。而今，戰地政務解除，戰火看似無形，兩岸交流熱絡，前之奮進已然淡化。

金門縣致力於世界遺產登錄準備，「戰地文化」即為重要的一環，……都是因應作戰為主、為勝利而生的目的而存在。……除了增加世人對金門申遺的了解，更重要的是讓世人了解金門軍事遺跡所代表的重要文化意涵。[14]然則，古之浯州非自覺地接受戰火洗劫半世紀，雖已轉型和平，其中必有非物質的形上因素伴隨著戰爭指導構想、定有精神心法隨著戰場經營作為、或有不為外人道的士人氣節隱於軍民行止之中，否則何能剋優、敵眾。毋忘在莒豈是神話？陽明湖純係借諸虛名？似宜調研深究，藉此昇華申遺之文化理念價值。

（二）金門有源遠流長的文化

金門素為海疆重鎮，臺閩交通之樞紐。迄今島上到處佈滿先人遺留下來之名宦故居、欽旌碑坊、宏偉古墓、肅穆宗祠、壯麗廟宇等古蹟。惟因歷代戰禍頻仍，破壞慘重。《金門志》是第一部金門文獻，係清林焜熿纂，其子林豪續修。對金門的天文地理、人文等資料均收錄並保存下來，父子兩代共同修書的經歷又使其具有特殊性。《金門志》作者寓居廈門，並有在廈門書院的科舉試卷為證，說明金、廈兩岸的聯結。[15]概如：

---

14 同前註，頁9。

15 廈門晚報 http://big5.huaxia.com/zt/sw/07-045/587457.html

一、考古學者曾在金門復國墩、金龜山、浦邊等地，發掘出距今約五、六千年前的貝塚遺跡，顯示在史前時代可能已有人居。金門舊名浯洲，又名仙洲……等名。根據史料，金門之開拓可上溯晉代元帝建武年間（317），中土因避五胡之亂，中原蘇、陳、吳、蔡、呂、顏等族遷至金門。

二、金門自唐派牧馬監陳淵率十二姓牧馬入島啟疆，島民逐漸繁衍。至宋神宗熙寧、元豐年間（1068-1085），金門始納入中國版圖，屬都保級單位。

三、元朝，金門開始生產食鹽供銷內地（1297）。

四、「金門」得名始於明太祖洪武二十年（1387）。由於海盜倭寇肆虐，因內捍漳廈，外制臺澎，有「固若金湯，雄鎮海門」之勢，故以「金門」為名。此後與「兵燹」密不可分。

五、明末魯王與鄭成功曾在金門練兵，作為根據地，隨鄭成功自料羅灣發兵光復臺、澎之金門先民為數甚多。

六、清康熙年間曾在金門設立總兵署，顯然仍是兵防要地。清末民初，此地又是南洋華僑輸出地，遂有「僑鄉」之稱。

七、金門鄉僑創業海外，贊助革命，對民國貢獻極大。應華僑陳情，金門在民國四年獨立為縣。日據時代，日本人曾在島上建築飛機場，種植鴉片，經濟亦遭劫掠。民國三十八年，國軍自大陸進駐金門，先後歷經「古寧頭」、「八二三」等戰役，諸役皆捷，遂使金門成為臺澎屏障、保障臺海安定之長城。

金門自民國四十五年實施戰地政務，到民國八十一年終止並解除戒嚴，第一屆民選縣長於民國八十二年底產生，民國八十三年春選出第一屆縣議員，邁向地方自治新里程。內政部於民國八十四年十月十八日正式成立金門國家公園管理處。金門成為第六座國家公園，也是第一座以保育史蹟及文化景觀資產為主旨的國家公園。

（三）臨戰仍以生生為核心

華夏以「文」為美，並求盡善，不得已用武，仍欲善之。善為美之實，其「善」為「有利於生命之生長與發展者」，就生命的完善性言，欲使人人皆能意識到生命的珍貴與重要，了解活著即值得珍惜，此為華夏生命、文化意識的基礎，總以生生為念。

人類社群中善與惡幾乎是並存的。粗看歷史，漢武帝、唐太宗的事功似乎盛極一時，而代價至高；對岸的毛澤東作「沁園春」評漢武略輸文采、唐宗稍遜風騷，似亦為政軍、文武關係做個見證。受西化影響下，固有文化的復興與轉型似「比革命者為難」[16]，迫於現實，理性與開放態度更顯可貴。金門即其粲然例證。

社會道德源自生命的態度，華夏文化以「生」為道德核心，「德」為萬物之本，正物之德而利用之，則能厚生；就象形而論，德是直心出入、心有所得，對於「生」德能以「十目所視」的敏銳覺知，而體悟於心，即有所得，然後力行於人生；人同此心，心同此理，人人彼此「生生」應變，復同以德共行而成道，衍生為道德的生命。中國思想主軸在「六經」，學不究其原、理不窮其至、知不會其通，則未能立大本以宰百為，體大常而御其萬變。[17]

（四）厚生兼文武，戰法存心法

1 兵學思想的省思

華夏文武本不分途，自古不好戰，非忘戰、非畏戰，非不能戰，具「生生」慎戰的智慧。兵學，道統之支庶，本乎仁，發乎義，致虛

---

16 Huntington, Samuel P. 著，江炳倫譯：《轉變中社會的政治秩序》（臺北市：黎明文化出版公司，1981年），頁354。

17 熊十力：《十力語要》（臺北市：洪氏（原樂天）書局，1983年），頁2-3。

極，守靜篤。通乎儒化於道。為兵之事，因勢順物，極詭而不逾常，至變而悉在理，唯機是適。兵與藝同道，通於一而萬事畢；萬殊一理。[18]

歷代兵家原無專業軍事教育，其用兵思想與王官學、士人教育本屬合一。總其概要，在論兵態度上，「道不可易，事則不居，先秦諸子貴在思想，道之所在，學之所存，執古之道，旨在以御今之有。善讀兵法，貴以心度心，研幾於心意初動。」而戰爭觀則「兵者，國之大事（唯祀與戎），死生之地，存亡之道。過猶不及：好戰必亡，忘戰必危。」尉繚子稱：兵者，凶器；征者，逆德；將者，死官。故「不得已」而後用之。[19]

莊子亦言「不得已」，即運用智慧作判斷，順應自然，在客觀條件成熟時，不得不如此之意；主觀上要去除成見，並培養把握「不得已」的智慧。非一般之不情願或勉強之意。可知源自兵法的戰法與出自心學的心法實為一體，「兵」雖貴用，而兵法亦體用不二。

2 軍制文武一體

自古以來，中國的將官都是文武合一的。最高的將領大都是文人，所謂出將入相，在唐朝前期，幾乎成為常例，是當時文武不分界。元朝始有文武官職之分。明代的詮選分為兩部，文官由吏部，武官由兵部，文武遂此劃分。可是高級統帥仍文武不分。明清的總督巡撫，表是武職，實則文臣。[20]

中國歷史上，既是以農業濟為主的國家，武裝與經濟必須配合，國防武裝主要在與農村生產相調節。漢代兵農合一由此而產生。農業

---

18 辛尚志：〈後記〉，《中國歷代兵家之用兵思想》（臺北市：作者自印，1965年1月）。

19 同前註，序。

20 錢穆：《中國歷史精神：四──國防》（臺北市：三民書局，1976年），頁73。

安住，農村散漫分布，軍隊則集合流動，尤需注重邊疆，乃有屯田制出現。此為古人對政治軍事上之大聰明，同時是國民性內在可貴的一種深厚篤實堅強的德行表達。[21]

東漢罷西域屯田引起邊塞動亂，逐漸蔓延到全國。西魏北周和隋唐的府兵制也是屯田制度變相的運用。屯田主要在戍守邊將和控領國外，而府兵則在內地屯田。而唐代的邊外屯田，北方遠至瀚海都護府，東北遠至百濟，西北遠至西域及青海，國力遠擴，這是如影隨形，必然不可少的一制度。[22]宋代積弱是因經濟生產和武裝戰鬥兩系統分開所致。明代衛所制又是屯田制度之活用。因制度直擴到邊塞四外，因此明代武功和漢唐相彷彿。制度興廢顯與明代國力消長成正比。[23]

可見武力必然歸宿到國家文化整體與民族性之獨特優越處。武力與經濟相配合引致富強，又必與文化教育與國民性內在相融結。當代欽羨西方富強，忽略本國歷史文化演進意義，鄙視國民性之獨特優長，[24]值此金門申遺之際，若未警覺文化因素，或能申遺成功，然尚武精神偏枯，原始目的宜乎越走越遠矣。

3 戰地文化表率溯源

華夏邊患循環已經二千餘載。但民族和文化仍能屹立於世界，成為世界上現存唯一古老國家，決非天幸。[25]在困難的情勢之下，還能保留民族文化綿延至今二千多年，若沒有內在極堅強的戰鬥精神，如何可能？[26]就歷史回顧，中國軍人富於攻擊性，也極富防禦性。金門

21　同前註，頁71。
22　同前註，頁72。
23　同前註。
24　同前註，頁73。
25　同前註，頁60。
26　同前註。

戰地文化或緣於此史識，戰場轉型乃生命之常，或該回顧歷史上傳統的尚武精神。謹舉數例證明儒將備戰亦傳心法：

一、已故國防部長俞大維先生，在金門戰事危急時，談笑用兵，數度親臨敵前，八二三砲戰在第一線指導戰備，負傷不退，終於爭取到盟邦支援；雖退休，國防軍務未嘗卸責；民國七十二年，維公在金避壽慶生，返臺臨別時，回應缺失時說：戰備不足，觀光有餘！可見用心之一斑。足見戰地文化其來有自，尤其是具有傳奇性的「文人」國防部長。如：

1 俞維公有傳奇的家世：外曾祖父曾國藩，家族先輩有多位翰林、進士。

2 維公有著傳奇的學歷：留學過哈佛、柏林大學，研究哲學、數學，上過愛因斯坦的課，寫過數理邏輯的論文，拿到哲學博士；之後又回到德國學軍事，成為公認的軍事專家。

3 臺海危機對峙時期，維公身為國防部長，親自乘坐偵察機到大陸沿海偵察驗證敵情十三次。

俞維公終其一身學習不斷、公忠體國研發深思不已，民國六十年代末，中美斷交，國防預算吃緊，維公建議廣栽有刺植物彌補防禦工事強度，引進西方國防兵學論著，藉由史編系統推展軍官團教育。

二、民國七十三至七十四年間，赴金途經陽明湖畔，總政戰部主任許歷農上將（曾任第十二任司令官）的隨員，告知：當年（1981-1983）或因陽明哲學感悟而提及「……迄今，歷任作為皆在胡伯公（璉）早年規畫之中……」，或屬謙辭，但是許上將在國軍中多以「儒將」為同仁傳頌，當有相當意義。

金門當地文風鼎盛，陽明村、陽明湖的命名多因崇敬明代心學大儒王陽明（守仁）而命名。日本明治維新與「武士道」或有互相激盪

之效應，知名的思想、教育家新渡戶稻造在《武士道》一書中，揭示了「武士道的淵源在……以孔子教誨為淵源的道德律，武士道崇尚『知行合一』的思想」[27]。亦有考證「朱子學：五倫、五常、名分論；……陽明學：即知即行」將之納為「近世的武士道」者。[28]先總統蔣中正留學日本時，因接觸武士道中的陽明學，從此崇敬王陽明，之後國軍多次推廣《大學問、傳習錄》為軍官團教育必讀書籍。

先總統蔣中正曾經說過臺灣省主席所做的不如胡璉在金門所建設的三民主義模範縣。胡伯公具儒將風範，帶兵重在練心。以「書、蔬、魚、豬」、「管、教、養、衛」等政策建設金門，頗多權宜措施；以「苟利國家，一意為之，毀譽榮辱，毫不贍顧」自處。故能奠立仁者無敵的金門戰力及文化。

三、國防部參事辛尚志將軍於民國五十四年五月經核定後自行出版《孫子兵法解義》，在自序即明示「欲究孫子微義，必明乎易、老」，認為「孫子思想，源於易而化乎老」，整理孫子要義，對於用武與政治關係的思維比較簡述如次：

老 　　　（政）　　　 子	孫 　　　（兵）　　　 子
有無相生，難易相成；曲則全，枉則直	奇正相生，分合為變，以迂為直、以患為利
當其無，有車之用	攻其無備，出其不意
重為輕根，靜為躁君	軍擾者，將不重，靜幽正治，以靜待譁，以治待亂

---

27 新渡戶稻造著，張俊彥譯：《武士道》（臺北市：笛藤出版社，2008年12月），第二章。

28 吳春宜：《武士與武士道初探——定型、意涵、影響》（臺北市，五南圖書出版公司，2013年），頁102-110。

老 　　（政）　　 子	孫 　　（兵）　　 子
善行無轍迹，善言無瑕讁，善數不用籌策	形兵之極、至於無形；善戰者，無智名，無勇功
不以兵強天下	上兵伐謀，其次伐交，其次伐兵，下政攻城
以正治國、以奇用兵	凡兵、以正合，以奇勝
善為士者不武，善戰者不怒，善勝敵者不與	卑者驕之，主不可怒而興師，將不可慍而致戰
勇於敢則殺	必死可殺
人之生也柔弱，其死也堅強	小敵之堅，大敵之擒
天下莫柔弱於水，而攻堅強者，莫之能勝	兵形象水。……水因地制流，兵因敵制勝
將欲歙之，必固將之。將欲弱之，必固強之將欲廢之，必固興之。將欲奪之，必固與之。是謂微明	兵者，詭道。故能而示之不能；用而示之不用；近而示之遠；遠而示之近；利而誘之；亂而取之 以利動之，以卒待之

資料來源：作者整理，參考辛尚志先生《孫子兵法解義》自序頁2-4製表。

　　四、民國五十七（戊申）年一月三十日農曆正月初一，先總統蔣公頒布「蓄養節宣，慎固安重，立不敗之地，策必勝之謀，存戒懼之心，行冒險之實」反攻復國二十八字訣，隨即國軍對於兵學有深研之將領紛就用兵觀點提出詮釋，以為教育訓練參考之用。其中，鄭燦（朝暾）將軍以「儒學之精，易理之妙」釋之，從易學源流，易學與策略，易簡之道及易學時代價值總說訓示的精髓。分別就〈易・大蓄及小蓄〉卦錯綜之理、歷史例證、參以周鼎珩教授整理之《長短略》揭示戰法根本在易學以及心法要訣。該書後在中國孔學會發表，民國六十六年再版，曾為易學參考教材。

　　五、同時期，李克莊將軍鑑於「理可以利國，……無論國土大小，

人口多寡，必須舉天下之理以奉之，苟一理不至，則國無由治」[29]，在民國六十五年十一月印行《將帥運心法：莊子與兵家擇要》闡述兵家與道家關係，從中國歷代革命戰術的沿革析論戰法成敗，強調老子與莊子異同，認為「莊子『無待之理』在於當機，一心而寓於不得已，出於自然。……無待專指自衛與革命而言，乃天理之自然，差之毫釐，謬之千里也。」[30]

次言「士人」亦心傳儒學。

宋大儒朱熹任同安縣主簿曾渡海來金講學，設帳燕南，家絃戶誦，以禮教民，民風淳厚，島民乃競以氣節相尚，有「海濱鄒魯」的美譽。歷經朱子教化，自此島上人文蔚起，文風鼎盛，歷代科甲鼎盛，人才輩出，進士多達四十餘人。

金門歷經唐代設牧馬、宋代立都圖，志士不願臣服元而避居此地，迄明末魯王、鄭成功以為反清復明基地，並東渡臺灣驅荷復臺。金門一直以中原遺民自居，復因朱子在金設書院，使得文風鼎盛，明清兩代，科甲、名將輩出，進士即有四十三人，有「人丁不滿百，京官三十六」的美譽。

「士」是固有社會的中心，他們有崇高的人生理想，能夠為民族國家負起重責大任。在內心修養上，有一副宗教精神，是人文宗教的宣教師，是有智識的讀書人。[31]在耕讀傳家的傳承下，可以上馬殺敵，下馬草露布。迄明清有「士魂商才」之轉變。[32]國軍以「士官」稱之，而非用西方 Noncommissioned Officer 之名，似有傳遞士人政治的意涵。

---

29 李克莊，民國65年11月，《將帥運心法：莊子與兵家擇要》，臺北華岡出版，序。
30 同前註，頁2。
31 錢穆：《中國歷史精神：三──經濟》（臺北市：三民書局，1976年），頁54。
32 余英時：《士與中國文化》（上海市：上海人民出版社，2003年），頁511，附錄。

民國三十八年之後，國軍轉進臺澎金馬，陸續自大陸西南、越南、海南、舟山、大陳等地集中兵力至復興基地，其中隨軍來臺者，或招募或拉伕，年富力強者甚重，多有家學淵源、國學深厚者。以前習稱「行伍」者，自士兵而士官，雖因敗戰士氣受傷，然這群數十萬大軍離鄉背井，如何在物質極差的條件下仍能堅苦卓絕地存活，在無條件服從的環境中奉行命令，其實並非毫無自我地過著卑賤地蟻群日子。他們心中仍保有生命希望、自信猶有重見光明之時。

在個人軍旅生涯中，休閒時見過許多士官研習五經、書法、古琴譜，戰備訓練時聽渠述說軍事關節，失意時聆聽人生至理，深感十步之內必有芳草的道理，更懂得謙抑自牧的德行，實為生生之德的精髓。士官立於官兵間的橋樑，做為日常生活的津梁，處處見諸生命智慧，時時窺其戰訓智謀，在戰地文化中扮演著甘草角色，確為不可忽略的人文要素。

民國七十年代，金門戰地經縝密規畫後，開始進行第一線據點整建。將戰鬥、警衛、生活、教育、娛樂諸設施整合於一處，裨得在部隊基層的資深士官兵離退後，仍能維持戰力水準，常保固若金湯之勢。

士官在軍隊中是默然無聲的一個社群，角色吃重卻少獲尊重，水準不低於軍官卻受限於軍階，從金門第一線排據點之整建可窺得戰地文化中或有「歧視」因子潛存，頗值省思。

四　結語

戰略大師李子弋教授推崇齊學，重視《逸周書》，該書談「武」者十餘篇，其中〈柔武弟二十六〉最值深思──「……故必以德為本，以義為術，以信為動，以成為心，以決為計，以節為勝，……勝國若化，不動金鼓，善戰不鬥故曰柔武，四方無拂奄有天下」。

　　從《易‧師》卦「觀」文武可知兵法必以思想文化為底。〈師〉之卦辭：「貞。丈人吉。无咎。」「師，貞」：指軍隊立於不敗之地為首要之務；「丈人吉」：指由練達務實的明將受命作為指揮，有丈人則吉，否則易凶；另「觀」文武之道，旨在「觀國之光」、「觀我生」[33]，意即治國治軍宜廣為「觀光」，使民生如風行地上。此亦有理性與開放意涵，值得省思。

33　《易經》第二十卦〈觀〉卦，六三、六四、九五、上九諸爻精義。

參考文獻

Huntington, Samuel P. 著，江炳倫譯　轉變中社會的政治秩序　臺北市：黎明文化出版公司　1981年

Jeff Lewis 著，邱誌勇、許孟芸譯　文化研究的基礎　臺北市：韋伯文化出版公司　2006年

李克莊　將帥運心法：莊子與兵家擇要　臺北市：華岡出版社　1976年11月

辛尚志　中國歷代兵家之用兵思想　臺北市：作者自印　1965年1月

余英時　士與中國文化　上海市：上海人民出版社　2003年

吳春宜　武士與武士道初探──定型、意涵、影響　臺北市：五南圖書出版公司　2013年

新渡戶稻造著，張俊彥譯　武士道　臺北市：笛藤出版社　2008年

簡雪玲總編輯　金門申遺軍事遺跡潛力點　金門縣：金門縣文化局　2013年

熊十力　十力語要　臺北市：洪氏（原樂天）書局　1983年

錢　穆　文化學大義　臺北市：正中書局　1952年1月

錢　穆　中國歷史精神　臺北市：三民書局　1976年

「河洛歌子戲團」閩臺文化 多元匯流研究（1991-2008）

孫劍秋、洪靖婷*

摘要

　　本論文以河洛歌子戲團於一九九一至二〇〇八年間所製作的七部大戲為討論對象，研究這些文本表現出閩臺兩地文化多元匯流的現象。《曲判記》來自閩劇劇本，《殺豬狀元》使用許多閩地方言，《臺灣，我的母親》、《彼岸花》、《竹塹林占梅》勾勒漳泉械鬥的情景，《東寧王國》、《風起雲湧鄭成功》則描寫鄭成功決意守臺及陳永華治臺的史實。文本從中國本土到臺灣，從清領時期到明鄭時期，時空跨越與交錯，讓我們了解閩臺在政治、文化、語言、風俗、宗教上交相影響的歷史淵源、發展脈絡，促進我們對臺灣這片母親土壤的認同與關懷。

關鍵詞：河洛歌子戲團、歌仔戲、閩臺文化、漳泉械鬥、鄭成功

---

* 孫劍秋，國立臺灣戲曲學院通識教育中心教授兼副校長（借調）。洪靖婷，國立高雄師範大學國文系兼任助理教授、石惠君歌仔戲團編劇、醉夢歌仔戲團編劇。

一　前言

　　河洛歌子戲團是臺灣率先推動歌仔戲精緻化的戲團隊之一，在臺灣社會電視普及後，中國電視公司招攬一群野臺歌仔戲知名演員，組成專業製作團隊進駐至中視，十餘年來推出許多作品，成為電視歌仔戲全盛時期的重要代表。

　　九〇年代以降，資訊社會來臨，電腦普及、電視節目更趨多元，屢屢打擊電視歌仔戲的生存。電視歌仔戲在電視臺的空間大受擠壓，連帶使觀眾急遽流失，為了力挽傳統戲曲狂瀾，河洛歌子戲以壯士鐵腕之決心，毅然退出電視圈，往舞臺歌仔戲發展。此一決策，又帶動臺灣歌仔戲表演生態的劃時代變革，臺灣歌仔戲如今能在兩廳院、城市舞臺、文化中心等國家級表演場地百花齊放，河洛歌子戲的引領風騷可謂居功厥偉。

　　千禧年過後，也是臺灣本土文化意識抬頭的年代，藝術界開始重視臺灣歷史風俗、地理風情與人文美景，從滋養我們數百年的母親土壤出發，尋找民族情感與自我認同的依歸。河洛歌子戲也以此立場出發，製作磅礴大戲，聚焦鄭成功、漳泉械鬥、原住民等歷史人物與事件，以土生土長的臺灣戲曲來關懷臺灣文化。

　　歌仔戲源於宜蘭，後傳至福建。歌仔戲在福建生根多年後，日據時期嘗來臺演出。兩地歌仔戲交相影響，歌仔戲音樂中的都馬調、雜念調、江湖調、車鼓陣、南北管等，都能觀察出閩臺戲曲彼此正成長的軌跡。臺灣的人口、語言、歷史皆與閩南地區密不可分，河洛歌子戲從關懷臺灣出發，將視野觸及閩臺文化淵源，所以著力於鄭成功征廈門治臺灣、臺灣漳州族群及泉州族群不合等歷史事件。以此為題，製作了《臺灣，我的母親》、《彼岸花》、《竹塹林占梅》、《東寧王國》與《風起雲湧鄭成功》等大戲，均有極高評價與迴響。

其次，河洛歌子戲改編閩地劇作家劇本如《曲判記》，並賦予臺灣特色；也有吸收閩地方言，轉化為美麗的漢語，成為歌仔戲對白，如《殺豬狀元》。河洛歌子戲的作品史，幾可視為閩臺文化多元匯流的特徵。又由於河洛歌子戲是臺灣歌仔戲界的母源——現今許多知名小生、小旦都出自河洛，如唐美雲、許亞芬、郭春美、小咪、黃香蓮、石惠君、柳青、王金櫻[1]——河洛將閩臺文化匯流於歌仔戲作品的貢獻，也可視為歌仔戲藝術承載臺灣文化，又涵養了閩地養分的特色。

本論文期望透過河洛歌仔戲作品的討論，揭櫫閩臺文化在歌仔戲藝術多元匯流的現象，從時間（明末至民初）、空間（閩地與臺灣）來觀察，文化的跨域整合都在歌仔戲作品中得到實踐。

本篇結構，第一簡述研究動機，第二討論改編閩地作品的《曲判記》及富含閩地語言特色的《殺豬狀元》，這是在地理空間上的閩臺文化交流；第三討論闡發臺灣本土精神的《臺灣，我的母親》、《彼岸花》與《竹塹林占梅》，劇中突顯「彰泉械鬥」與「唐山移民」的歷史事件，也表現了閩臺的歷史淵源；第四討論《東寧王國》與《風起雲湧鄭成功》，聚焦明鄭治臺的史實，也是閩臺在歷史洪河（時間）上的文化火花。這七部大戲的製作正在一九九一至二〇〇八年間，恰好也是河洛歌子戲發展的黃金十八年。

二 閩臺文化的空間對流

（一）曲判記

故事描述男主角劉劍平原為一落魄書生，受刑部尚書嚴輝之賞識而認為半子，將愛女秀屏許配之，並栽培他赴京應考。劍平如願狀元

---

1 河洛諸位表演家，有一半以上在戲曲學院兼課或專任。

及第，以欽賜按察使的光榮身分衣錦還鄉，準備叩謝岳父大恩，並與未婚妻完婚。孰料途中遇漁人張帆攔轎伸冤，謂其妻遭紈褲子弟嚴白駒調戲，其妻不從，嚴白駒竟強搶民女，並予以幽禁，過程間還踢死其岳母，導致家破人亡。

劉劍平得知犯事者竟為自己妻舅，一來礙於愛妻求情，二來由於岳家對己有再造之恩，遂徇私曲判，輕責嚴白駒，並促成漁人夫妻平安回鄉。孰料嚴白駒惡心不滅，假意設宴感謝劉劍平徇私之恩，灌醉劉劍平並將其推入江中。所幸男主角命大，恰被漁人張帆夫妻救起。男主角愧悔交加，動身進京稟告刑部尚書嚴輝──也是自己岳父所有實情。嚴輝憤怒回鄉重審此案，嚴母及秀屏淚眼求情，然嚴輝在國法與親情間心痛權衡，最終決定取其大義，揮淚斬子，並懲罰失職的劉劍平。

《曲判記》是一個典型的中國民間傳奇，有劉劍平、嚴秀屏的才子佳人感情戲，也有富二代迫害無辜百姓而最終自取滅亡的情節。劇本聚焦於劉劍平為報知遇之恩、為圓愛妻心願，竟徇私曲判；嚴白駒作惡多端，但其母、妹捨不斷親情天倫，多番為其求情。殺與不殺之間，不同角色、不同立場，赤裸裸展現國法與私誼的衝突。

> 劉劍平：手拿狀紙愁滿面，
> 嚴秀屏：聞說狀紙愁滿面，
> 劉劍平：如何追查被告人？
> 嚴秀屏：不知誰是被告人？
> 劉劍平：但願大舅無犯案，不然判罪就不輕。
> 嚴秀屏：劉郎身為按察使，願伊能為兄消災。
> 　　　　大事化小小事化無礙，向前求情一時口難開。

　　劉劍平：別後不時念芳卿，

　　嚴秀屏：如春情意感心胸。

　　劉劍平：我得旁敲側擊探究竟，

　　嚴秀屏：我須迂迴曲折來求情。

　　劉劍平：昨夜夢見災星降，應災親像咱親人。

　　嚴秀屏：不管災禍有多重，狀元福星會幫忙。

　　劉劍平：只怕我力不從心，

　　嚴秀屏：君豈忍見災禍臨。

　　劉劍平：聽她言中另有意。

　　嚴秀屏：分明絃外有餘音。[2]

這是劉劍平衣錦還鄉後與未婚妻重逢，兩人尚未來得及感受喜悅，一個就急於為兄長求情，一個急於知道漁夫所告之人是否真是妻舅。嚴秀屏坦誠確實是嚴白駒犯下殺人大案，劉劍平頹然回告，言此乃殺頭大罪。嚴秀屏悲痛開口求情：

　　你千萬不可這樣做，不然我大哥命就無。

　　你自幼伶仃無依靠，阮父母養你的功勞如山高。

　　一切你就看在阮父母，不然你會讓人說你過河拆橋。

　　你若救阮大哥，嚴家的祖先也會開口笑，

　　歡喜阮嚴家的香還有人可燒。[3]

她以養育之恩牢牢套住劉劍平，終使劉劍平答應徇私曲判。然而劉劍平不但沒有因此換得嚴白駒的感激，反而被嚴白駒推入江中，企圖殺

2　河洛歌子戲：《曲判記》光碟（臺北市：河洛文化事業公司，1991年）。

3　河洛歌子戲：《曲判記》光碟（臺北市：河洛文化事業公司，1991年）。

人滅口。最終與岳父：刑部尚書嚴輝一同返家重審此案。嚴母得知親子作惡，又欲害死半子，悲痛欲絕，她抱著嚴白駒傷心泣訴：

> 聽兒在哀求，我是心肝碎，肝腸寸斷淚雙垂。
> 駒兒啊，為娘晟養你，是望你勤讀聖賢書，折得月中桂，
> 無疑你書不讀，到處惹是非。
> 你不該，為貪漁娘美；更不該，謀色害命去觸犯了國法家規。
> 連妹婿你也將他推入水，你良心在哪裡？
> 你怎可這樣歹事做歸堆？
> 你人不做，偏偏要做鬼，事破斬頭又能埋怨誰？[4]

母親望子成龍，卻換來要面對兒子就戮於國法的窘境，的確如同歌詞一樣，老旦心中肝腸寸斷。

嚴白駒最終還是接受制裁而死，這是一個所有人都心碎的結局，劇本在公與私、義與利之間拉大張力。使得平凡的案情有了人性的角力，在每個角色娓娓傾訴衷情中讓觀眾不捨與心疼。

本戲是河洛歌子戲團走進國家劇院的第一齣戲，對河洛、對臺灣歌仔戲發展來說都是劃時代的里程碑。如此重要的一齣戲，它的劇本來自福建「閩劇」，編劇是大陸劇作家林芸生、張哲基、張品生，一九八一年由福建省閩劇實驗劇團首演，同年並參加福建省創作劇目調演，獲得劇本創作二等獎、演出二等獎、導演獎、舞臺美術獎、音樂獎，可以說取得十分可觀的成就。

十年後，河洛歌子戲將它取來改編，並使歌仔戲走入國家劇院，將原本是民間小調的地方戲曲推上國家藝術重鎮，也開啟臺灣重視傳

4　河洛歌子戲：《曲判記》光碟（臺北市：河洛文化事業公司，1991年）。

統藝術的先聲。在這點上，本戲功不可沒。而當時臺灣尚未培養出優秀的歌仔戲編劇，歌仔戲的基本語言是閩南語，因此河洛歌子戲團向福建地區取經，也就可以理解。

閩劇《曲判記》與河洛的改編幾乎一模一樣，少數因為方言發音不同而微調韻腳而已。閩、臺兩地由於地理位置接近，臺灣早期先民又多數由閩地移民而來，所以語言高度近似，在歌仔戲亟需劇本的年代裡，借重閩劇的作品，為兩地文化的共融與交流留下一筆美麗的印記。

《曲判記》是河洛走入國家級表演空間的第一齣戲，也曾前往聖保羅市、日內瓦、荷蘭等地參加國際歌劇交流，在河洛歌子戲團中有崇高的地位。河洛許多演員後來成為臺灣戲曲學院的教師，也將這齣戲帶到歌仔戲學系中，成為不少學生成果展的劇目。可以說，《曲判記》對歌仔戲教育也有莫大影響與貢獻。閩臺文化的匯流，在這齣戲身上可窺一斑。

（二）殺豬狀元

《殺豬狀元》是河洛歌子戲團的第三齣大戲，於一九九二年首演於臺北市社教館（今城市舞臺），河洛歌子戲出版的光碟裡，這齣戲與《曲判記》都以石文戶掛名編導，實則《曲判記》來自福建劇作家，《殺豬狀元》的原著則是林鵬翔、陳雯青。

本戲虛構一位忠臣遭奸人楊獵陷害而亡，其妻黨夫人偕同其子黨金龍、其女黨鳳英避居山中。數年後黨金龍進京趕考，途中不慎遇雪昏迷，為一善良憨厚的殺豬屠夫胡山救起。黨金龍高中後卻認賊作父，投靠楊獵，欲殺前來相認的胡山，又將母親推落橋下。黨夫人母女幸為胡山所救，胡山認兩人為義母、義妹，三人過著安享天倫的日子，黨夫人也將鳳英許配給胡山。某日，朝廷尋找失落的國寶夜明

珠，原來夜明珠在黨夫人手上，胡山揭榜獻珠，被封為殺豬狀元，最後重翻當年冤案，處死楊獵，黨金龍也投河自盡。

　　跟《曲判記》一樣，這齣戲也是典型的中國民間故事，善惡分明，到頭終須有報。也許故事邏輯並不嚴謹，敘事偶有錯落而不完整，例如：目不識丁可以為官，劇情甚為荒謬，但卻應合「教忠教孝」的思想主題。胡山拯救危難的義氣、奉養義母的孝心、黨夫人忠於朝廷的心意，都是傳統民間故事服膺的價值。胡山的善良與俠義，也使他最終成為狀元郎，並抱得美人歸。劇本讓一字不識的屠夫成為狀元，而滿腹詩書的黨金龍投河身亡，突顯「心正」才是人之所以為人的價值依歸。

　　《殺豬狀元》最具特色的在其全戲均有押韻，換句話說，除了歌詞本身必須押韻以外，連一般對白也押韻。遂使整齣戲看下來，節奏暢快淋漓，日常對話也使人擊節。例如：

> 胡　　山：阿母，這塊魚肚較無刺；小妹，這塊腰肉尚界甜。
> 黨夫人：是啦，阮山兒尚興豬腳庫。
> 黨鳳英：阮阿兄也愛吃滷香菇。[5]

這是三人一起用餐的橋段，彼此互夾菜餚，對白隱隱對襯，並且韻腳整齊自然，看起戲來別具興味。而這樣的狀況全戲皆然，完全可見編劇的巧思與妙筆。

　　《曲判記》來自閩劇，閩劇是地方小戲，所以用語樸實自然，即便嚴秀屏是官家千金，其唱詞也通俗俚趣。而《殺豬狀元》的主角是目不識丁的屠夫，所以用字遣詞更加拙樸，有趣的是編劇使用不少閩

5　河洛歌子戲：《殺豬狀元》光碟（臺北市：河洛文化事業公司，1992年）。

地的詞彙與發音，而這些用法在臺灣常用的閩南語中極少見。

　　　胡　　山：小妹到底有啥心事，安怎會想到癡癡癡？[6]

這句唱詞押國音「ㄨ」韻，「事」字閩南語唸「ㄙㄨ」（私無切），
「癡」字一般閩南語唸法是「ㄑㄧ」（七一切），在此卻讀成「ㄘㄨ」
（此無切）。這是閩地的發音習慣，在臺灣並不多見。又如：

　　　黨鳳英：你為阮辛苦受風霜，讓小妹替你縫又何妨？[7]

這是黨鳳英看見胡山衣袖破裂，想為其縫補的歌詞。其中「縫」字，
一般閩南語的唸法有二：一、讀為「ㄏㄨㄥ」（紅翁切），二、讀為
「ㄊㄧ」（特疑切）。但在這裡演員卻念為「ㄅㄤ」（霸骯切），這也是
閩地的唸法，不是臺灣習慣的發音。

　　除了字音以外，劇本也使用不少閩地俗話。黨夫人要為黨鳳英與
胡山作媒，胡山又高興又害羞，深怕黨鳳英不喜歡自己的粗鄙，遂道：

　　　有……有啦，願……願意是願意啦……，四兩秤仔要自己除，
　　　我生做這麼醜又怯勢，頭路又是在殺豬，恐怕小妹萬一看我不
　　　起，她會笑我是憨蟾蜍。[8]

這裡有兩點值得討論。一、上面所提到，本劇除了歌詞以外，連對白
也都有一一押韻的特色，這段文字中，意、除、勢、豬、起、蜍全部

6　河洛歌子戲：《殺豬狀元》光碟（臺北市：河洛文化事業公司，1992年）。
7　河洛歌子戲：《殺豬狀元》光碟（臺北市：河洛文化事業公司，1992年）。
8　河洛歌子戲：《殺豬狀元》光碟（臺北市：河洛文化事業公司，1992年）。

押國音「ㄧ」韻。二、「怯勢」一詞表示沒權沒勢，社經地位卑微，詞源來自閩地。[9]

《殺豬狀元》使用許多閩地的字音與詞彙，這是歌仔戲發源於臺灣，其後傳自閩地，閩地歌仔戲特色又傳至臺灣，這種交叉影響、互相匯流的特色證明。現今常用的歌仔戲曲調「都馬調」就是來自閩地，因此閩地的字音、俗語浸入臺灣歌仔戲歌詞與對白中也就不意外。《殺豬狀元》也是河洛歌子戲的招牌戲之一，經常成為臺灣戲曲學院歌仔戲學系的學生們期末考題、畢業展演劇目，培養出非常多優秀的三花（胡山的行當），影響臺灣歌仔戲教育亦十分深遠。閩、臺兩地文化在歌仔戲身上的匯流亦可見端倪。

（三）小結

福建與臺灣因為地理空間接近，致使語言、風俗、文化、藝術的發展歷程亦近似，或因交相感染而近似。臺灣的歌仔戲、福建的薌劇，可謂系出同源。河洛歌子戲向閩地劇本[10]取經而成《曲判記》，也在《殺豬狀元》中呈現不少閩地的語言習慣，閩臺文化匯流的繽紛樣貌，河洛歌子戲的作品就是印證。

三　閩臺文化的精神對流

（一）臺灣，我的母親

二〇〇〇年以後，臺灣本土意識逐漸高漲，這波風氣浸染了各個

9　本節所提到的閩地發音與詞彙，皆經筆者田野調查，訪問五位住於福建漳州的耆老。

10　本文所指「閩劇」，乃泛謂現當代於福建省（閩地）演出的地方戲種，多以閩南語為發音，表演程式近似歌仔戲，如薌劇。

藝術門類。土生土長，受臺灣肥沃土壤滋養成長的歌仔戲自然首當其
衝。河洛歌子戲團改編李喬先生的大作：《寒夜三部曲》中之首部
《寒夜》，製作了《臺灣，我的母親》，同年於國家戲劇院首演。故事
描寫男主角彭阿強帶著一家十餘口人，歷經千辛萬苦，渡過危險的黑
水溝，從大陸地區移民來到臺灣。原以為逃離晚清腐敗的統治，能擺
脫痛苦的生活，從此在蕃仔林（今苗栗大湖地區，亦是作者李喬故
鄉）安居樂業。不料當地惡紳葉阿添勾結官員，壓榨農民，抽取高額
佃租，復將村民辛苦開墾的田地據為己有。彭家無力反抗，又逢颱風
天災，處境雪上加霜。

　　阿強幼子自幼即有肺癆，在與童養媳燈妹成婚當日病故。阿強疼
惜這位從小養在身邊如同女兒的燈妹，轉將其許配給同樣是「唐山過
臺灣」的有為青年劉金漢，並與村民公推金漢為首，和葉阿添周旋。
一波未平一波又起，清廷於甲午戰敗後，將臺灣割予日本，葉阿添轉
作日本鷹犬，繼續殘害百姓。彭阿強為保護家人、鄰居，憤而殺死日
軍與葉阿添，為了不禍延心中珍惜的所有人，悲壯自盡身亡。金漢、
燈妹、彭家、村民悲痛欲絕，決定拿起槍，為了替彭阿強報仇，也為
了捍衛臺灣故土，勇敢對抗倭寇。懷有身孕的燈妹，目送金漢與民壯
們離去，淒惶又可敬的氛圍環繞整個舞臺，留下濃濃餘韻發人省思。

　　臺灣早期先民，大抵來自閩地移民（案：習慣上通稱來自大陸的
移民為「唐山仔」），本劇突顯了這些移民來到臺灣後，對臺灣產生強
烈的土地認同，願以臺灣為母親，世世代代在此安居。因此劇本從頭
到尾，不斷讓主角彭阿強的臺詞或旁白散發這樣的信念。

　　　黑水溝，黑水溝，風大湧大水湍流。

　　　為啥代，不住唐山，冒命來出走？冒命來出走！

　　　渡過凶險黑水溝，不管風雨厚，風颱掃。

　　為著將來好尾梢，為著子孫永遠住這家。

　　臺灣、臺灣，行著臺灣的路頭；

　　不驚死，不落跑，咒詛不願攔回頭。

　　汗流血流，決定不要眼淚流。[11]

這是旁白對移民們辛苦渡海來臺的心情註腳。

　　思想起，咱彭家過海來臺灣。

　　到如今，是勝是敗不復返。

　　會死願做臺灣鬼，會活也要臺灣人。

　　祈求公媽有三項：開荒順利好收冬，

　　子孫合和相痛疼，平平安安會大帆。

　　不驚風颱和地動，不驚野獸和毒蟲，

　　認真經營有央望，代代添丁出賢人。[12]

這是阿強在蕃仔林定居時的美麗願景。

　　阿強：咱唐山過海臺灣來，開荒種田苦哀哀

　　　　　講予子孫一代代，照顧咱的土地才應該。

　　彭妻：你的交代我都會記，田園一定會替你保持。

　　　　　你為土地拼生死，子孫會紀念你萬萬年。[13]

這是阿強臨終前與其妻的對話，表現阿強雖為大陸移民，卻因胼手胝

11　河洛歌子戲：《臺灣，我的母親》光碟（臺北市：河洛文化事業公司，2000年）。

12　河洛歌子戲：《臺灣，我的母親》光碟（臺北市：河洛文化事業公司，2000年）。

13　河洛歌子戲：《臺灣，我的母親》光碟（臺北市：河洛文化事業公司，2000年）。

足開墾臺灣的土壤，而對這片土地有了情感認同，願子子孫孫都護養
著臺灣，將臺灣視為哺育自己的母親。所以劇名定為《臺灣，我的母
親》，也是抓住本劇的主題精神。

本劇彩排時，當時的總統當選人陳水扁先生還曾親臨觀看。在臺
灣本土文化逐漸受到重視的年代，河洛歌子戲以闡述臺灣歷史、關懷
臺灣先民的土地認同出發，改編了文學名著，勾勒閩、臺兩地族群的
血脈淵源，同時也是強化現代臺灣人了解過去臺灣事，提高族群的和
諧與對母親土壤的認同感。

（二）彼岸花

二○○一年首演的《彼岸花》，時空背景移到清朝時期的臺灣艋
舺，當其時漳州、泉州兩族鬥爭劇烈，兩方因爭地、爭水，累積多年
仇恨，世仇糾纏難解。信仰「清水祖師」的泉州人罵對方為「漳州
狗」，信仰「開漳聖王」的漳州人罵對方為「泉州豬」，經常羞辱彼此
的信仰，乃至激烈械鬥，都覺得對方十惡不赦、「豬狗不如」。

編劇抓住了這個歷史背景，勾勒漳州望族千金林秀蘭與泉州青年
才子陳秋生相互愛慕，卻因族人敵對、家長反對而不得相戀。最終，
劇本仿效莎士比亞的《羅密歐與茱麗葉》，林秀蘭先服假死藥自盡，
以求得與陳秋生擺脫家族束縛，兩人偷離故鄉，從此雙宿雙飛、白頭
到老的心願。孰料消息誤傳，陳秋生以為林秀蘭不願嫁給其父鍾意的
對象而自殺，抱著戀人痛哭，爾後也自殺身亡。林秀蘭幽幽轉醒，只
來得及與陳秋生說上最後幾句話。林秀蘭悲慟欲絕，便服下真正毒
藥，殉情而去。

本劇雖借用莎翁作品情節，但扣準了閩地漳、泉不睦的歷史，而
臺灣先民又多數來自閩地（案：故臺語素有漳州腔、泉州腔之分），
將這股恩怨帶到臺灣。劇中經常穿插兩族居民互打群架、相互叫囂的

臺詞，再以男女主角的深情對白為主軸貫穿，一愛一恨，一邊企望結
合而一邊卻不斷撕裂，種種矛盾恩怨最終逼死了兩條熱情而善良的美
好生命。在這場衝突中，雙方都悲劇收場，族群的械鬥結局竟是傷害
了自己最珍貴的東西。編劇以俯看歷史的視野與角度，取較受歡迎的
愛情故事為題材，讓觀眾了解這段臺灣歷史，也省思這段過往。

> 愛是犧牲，赴湯蹈火我甘願；
> 愛是祝福，成全小妹美夢圓；
> 愛是智慧，恩怨情仇抽刀斷；
> 愛是聖潔，彼岸花香虛空傳。[14]

這是全劇結尾的旁白歌詞，第一句指男主角為女主角犧牲不悔的深
情，第二句指男配角願意成全女主角隨男主角而去的大愛，第三句指
男女主角以自己的生命殉葬崇高的愛情，也弭平兩族人糾纏不休的
恩怨。

「彼岸花」原是一種傳說中「花葉不相逢」的植物，由於花、葉
不共生，所以在愛情上往往隱喻為悲劇。「彼岸」也是佛學詞彙，在
苦海的盡頭，能有美好的境地。要到達彼岸，則非堅定的意志以通過
種種磨難與考驗不可。男女主角在彼岸成全花好月圓，乃至漳泉兩族
也能放下仇恨，共同在臺灣這片鄉土中創造美好的未來，這才是這部
戲的製作，對臺灣歷史最高的敬意。

---

14 河洛歌子戲：《彼岸花》光碟（臺北市：河洛文化事業公司，2001年）。

（三）竹塹林占梅[15]

　　二〇〇五年推出的《竹塹林占梅》，秉持河洛歌子戲團關懷臺灣歷史的本土意識，以清朝同治年間，新竹地區名詩人林占梅與反清領袖戴潮春兵變的史實為基礎改編為這齣大戲。故事敘述林占梅為清朝官員，也是泉州望族，其好友戴潮春為漳州望族，檯面下的身分則是天地會頭目，另一位好友鄭如材則是開臺進士（案：臺灣納入清朝版圖後的第一位進士）鄭用錫後代。三人本為知己，代表臺灣泉、漳、客三大勢力。

　　淡水撫民同知丁曰健唯恐這三人過於要好，不利於清廷「以臺治臺」的政策，遂拉攏鄭如材，又離間林占梅與戴潮春感情。丁曰健阻撓了林占梅對戴潮春的支持，致使戴潮春起義失敗，最後又污陷林占梅謀反，林占梅含恨吞金自殺。

　　全戲經過編劇改寫，並未完全符合史實。但河洛歌子戲傳播臺灣歷史，透過戲曲凝結臺灣鄉土認同的終極關懷始終不變。因此劇本著力抨擊清朝對臺灣仕紳的陰狠用心，以及丁曰健挑起戰爭、屠殺百姓、禍亂臺灣的無恥行徑。林占梅的妻子（女主角）唱道：

　　　天地妖魔亂乾坤，大甲溪水湧戰雲。
　　　鬼怪橫行實可恨，亂得臺灣剩半分。[16]

---

15 為了戲劇張力，本劇情節未必盡如史實，感謝戚教授於研討會上補充指導。鄭用錫是金門籍，開臺第一進士，道光三年（1823年）從漳浦到金門再遷臺。東溪鄭氏家廟位於金門縣金沙鎮大洋東溪十四號，由鄭用錫於道光二十八年（1848）在祖居地創建，母親陳素是客家人。鄭如材是鄭用錫的第三子，據文獻載，戴潮春事件後，鄭、林兩家的競爭白熱化，鄭如樑與林占梅是姻親，卻在戴潮春事件後交惡。清廷藉豪族的糾紛，鏟除地方勢力以加強其控制。

16 河洛歌子戲：《竹塹林占梅》光碟（臺北市：河洛文化事業公司，2005年）。

這是說明在清朝的分化之下，原本融洽的泉、漳、客紛紛猜忌自殘，加上戴潮春起義，清兵不分青紅皂白屠戮百姓，美麗的臺灣變成戰場，民不聊生，多少無辜性命轉填溝壑。

> 一生一世事不竟，捐錢出力為朝廷，恨恨恨。
> 家財散盡有何用，憑空降下叛賊名，凝凝凝。
> 少小之年遊神州，自鄙臺灣不入流，悔悔悔。
> 潮春之言痛滿心，落得半百淚滿襟，憂憂憂。[17]

這是林占梅死前自白，壯烈悲憤，後悔效忠清廷、後悔親清蔑臺、後悔未曾堅持助戴起兵。又恨又凝（案：閩南語「鬱結」之義）又悔又憂（案：擔心臺灣未來前途），最終還是遭清廷設計自殺。

全戲承接《彼岸花》的臺灣漳、泉兩族不合主題，融織於林占梅、戴潮春的史實中。閩地移民來臺後，在臺灣落地生根，發芽茁壯。而無論漳泉，都在臺灣這片土壤開枝散葉後，政治上仍與清朝休戚相關，所以產生權力角力。以林占梅的悲劇做主要視角、主要史觀，對清朝治臺做了強烈的不滿與控訴。

（四）小結

河洛歌子戲團這一系列的臺灣主題作品，時間聚焦於清領期間，地點都發生在臺灣。三部戲中有史實、有虛構；有男歡女愛、有國仇家恨。從這三齣戲的特色，可以觀察閩臺文化匯流的多元現象，其主要有兩點：

一、閩臺的族群對流：漳、泉械鬥是從閩地隨著移民而渡海來臺

---

17 河洛歌子戲：《竹塹林占梅》光碟（臺北市：河洛文化事業公司，2005年）。

的遺緒，臺灣先民從閩地帶來語言、風俗、文化、宗教，也帶來原有的負面效應。語言、風俗、文化、宗教經過本土化、在地化，發展出臺灣鄉土特色，而漳、泉不合也在共同為臺灣母親打拚的歷史過程中消弭。河洛歌子戲這一系列作品的製作，使我們從中了解寶貴的臺灣歷史圖景，也使我們反思捍衛臺灣主權、融解族群對立的重要性，莫使歷史的悲劇仍在二十一世紀的臺灣社會重演。而自這一系列的作品賞析中，也了解閩臺文化淵源的密不可分。

　　二、閩臺的語言對流：閩南語來自福建南部，故稱「閩南」。臺灣的閩南語因漳、泉聲腔不同而有漳州音、泉州音之分。歷經數百年交流後，彼此聲韻的界線已不明顯，發展出有別於閩地的「臺灣閩南語」。也因為「臺語」的發展，逐漸有語言學者建構臺語的對應文字，而河洛歌子戲團這一系列的作品，其字幕經常使用臺語對應文字，而非國語文字。舉例如下：

臺詞的意思	臺語字幕
拿去	提去
端茶	捧茶
知道	知也（影）
樣貌	面膜（模）
回來	復來（返）
和你說話	共你講話
笨	駘（槌）
等等看	等看覓
賺錢	趁錢
多	濟
勸慰	開破（剖）

臺詞的意思	臺語字幕
這麼、那麼、這樣	這爾、彼爾、焉爾
不會	抹
不要	麥
一眨眼	目一盡（睍）
兒子	後生

其中有些文字並不十分妥貼，限於篇幅無法討論太多，僅以括號內文字簡單表達筆者認為可商議之處。

臺語、閩南語的語源與關係，是極專門的方言學領域，作為一位戲曲編劇，創作劇本時所用的文字只以通用能懂為主，能使導演、演員及全體工作人員能看能溝通即可，製成字幕更須考慮觀眾看戲時的易讀。所以硬生生書寫臺語文字並非好事，不利劇場前線的後製行為，在表演實務上通常被禁止。河洛歌子戲對弘揚臺灣文化的用心固然可敬，但委實無須表現於字幕上。

總而言之，這一系列作品，讓我們更貼近、了解臺灣歷史，也促進我們對這塊母親土壤的關懷與認同，這正是歌仔戲這門本土藝術兼負的使命與河洛所達成的目標。我們更從中了解閩臺文化的精神對流，歌仔戲實為閩、臺多元文化匯流的具體表徵。

四　閩臺文化的歷史對流

（一）東寧王國

《東寧王國》於二〇〇四年首演，略晚於《竹塹林占梅》。但由於系列風格不同，所以將本劇挪到鄭成功系列來討論。河洛歌子戲團製作了《東寧王國》與《風起雲湧鄭成功》，全與明鄭治臺有關。可

以說是繼臺灣系列後，特別以這位影響臺灣發展甚鉅的歷史英雄為靈魂，敘述臺灣歷史發展的淵源。臺灣系列的時代在清領時期，鄭成功系列的時代則在明鄭時期，年代更早，河洛歌子戲團是透過戲曲演義，帶著觀眾了解明清時期的臺灣樣貌。

《東寧王國》主要敘述鄭成功為反清復明，退守廈門鼓浪嶼及臺灣，以保住明朝最後一線生機。鄭成功死後，中國本土情勢對明鄭更為不利，其子鄭經越加用心治理臺灣。鄭經以陳永華為相、馮錫範為將，徐圖反攻大業，並令兩子分別迎娶陳、馮之女，以聯姻攏絡人心。陳永華之女嫁予鄭克臧，兩人恩愛彌篤。陳永華深具遠見，實施屯墾，既安定臺灣民心，又能為反攻大業奠基，一片赤膽為東寧王國謀慮；鄭克臧亦年少有為，在岳父輔佐下，儼然有王儲風範。

馮錫範欲除陳永華以獨攬大權，又欲己婿鄭克塽成為世子，先佈計除掉陳永華，又害死鄭克臧，克臧妻含恨自盡殉夫。鄭經於廈門薨逝，馮錫範擁鄭克塽即位，自己把持朝政，成為東寧王國實際上的主人。未幾，清廷任用明鄭叛將施琅為帥，攻破府城，馮錫範與鄭克塽出降，斷送鄭成功一生心血。東寧王國滅亡，明朝最後一息命脈斷氣，臺灣正式納入清朝版圖，進入下一個新階段。

《東寧王國》根據明鄭治臺、鄭氏家族內部權力傾軋的史實加以改編，其中男主角陳永華的人格風範、智慧謀略，都描繪得立體鮮明。他的治臺策略，促進臺灣農業、經濟、城市發展，也大力促成漢番和諧，劇本可謂暢快，寫活這位臺灣史上少數的優秀文臣。而又為使戲劇張力分明，不無美化鄭經與董國太，並醜化馮錫範之處，使戲本身添加恩怨情仇，更具吸引力。

陳永華受馮錫範排擠，抑鬱而亡。臨終交代子孫門徒切不可忘反清大業，更不可忘卻自身受臺灣土地供養、已是臺灣一份子的愛鄉之心。

> 揮衣袖，不沾雲彩；
> 心為國，天地自知。
> 沐更衣，悠悠哀哉；
> 魂魄歸，永佑全臺。
> 拜天地，接引永華這條命；
> 意永存，長佑臺灣城。[18]

這是陳永華自知命不久長，自嘆自許之詞。雖然他念念不忘反清，但卻願意魂留臺灣，永遠捍衛這座島嶼。

> 萬一山河變色時，寧死不做滿清豬，避入民間圖再起；
> 天地為君父、人人是兄弟，互相幫忙待時機。[19]

這是他心知反清恐怕無望，交代子孫門徒要保存漢族根基、宏揚漢族氣節。漢族既失中土，臺灣永存血脈。對照之後馮錫範降清，亦可見陳永華風骨。

> 臺灣海島佔地利，物產豐富得天時。
> 認真經營若舒適，咱的後代子孫好安居。[20]

這是陳永華對子孫門徒的遺言，無論反清是否成功，臺灣都是永遠的故土，是子子孫孫可以安居的海外桃源，因此要大家好好經營、珍貴愛惜。

---

18 河洛歌子戲：《東寧王國》光碟（臺北市：河洛文化事業公司，2004年）。
19 河洛歌子戲：《東寧王國》光碟（臺北市：河洛文化事業公司，2004年）。
20 河洛歌子戲：《東寧王國》光碟（臺北市：河洛文化事業公司，2004年）。

一代賢臣賽孔明，星光殞落眠鯤瀛。

鞠躬盡瘁伸民命，後人不忘聖賢能。[21]

這是陳永華逝世後的旁白，劇本將他定位為超越孔明的一代賢臣，是臺灣發展史上居功厥偉的聖賢。即使他來自大陸，卻願永遠守護臺灣。此心此意，不稱臺灣人，又是何人呢？

《東寧王國》以強大的筆力勾勒陳永華，使觀眾了解臺灣在明鄭時期的各項發展，也使我們了解臺灣與中國本土的歷史淵源。臺灣先民許多來自福建，鄭氏父子據守廈門、深耕臺灣，使閩臺兩地關係更加千絲萬縷。透過本劇的製作，讓觀眾明白這段閩臺歷史，也充分呈現出兩地文化匯流，多元而緊密的特色。

（二）風起雲湧鄭成功

二〇〇八年首演的《風起雲湧鄭成功》，是《東寧王國》前傳，描寫少年鄭成功的事蹟，主要場景在明末的中國本土。劇本突出了鄭芝龍降清的可鄙行為，以及鄭成功不因南明君懦臣佞，仍忠心全意輔佐的不屈意志。其中更花費許多篇幅，描寫鄭成功與其母的天倫親情。父親投降異族，鄭成功怨痛交加；母親揮刀自刎，鄭成功悲慟欲絕；南明終歸覆亡，鄭成功無力迴天。所有一切悲劇，都不足以打倒這位英雄，反使他決定在孔廟前焚燒儒服，放棄士人身分，從此投身軍旅，堅定反清復明大業。

泣血孤臣祭文廟，明朝國祚風中搖。

人間正氣最寶惜，赤膽忠心願斷頭。

---

21 河洛歌子戲：《東寧王國》光碟（臺北市：河洛文化事業公司，2004年）。

家仇國恨，國恨家仇，今生今世已難罷休。

抱恨如山天長地久，血淚似河永遠奔流。

棄文就武忠義盡，永生不穿儒衫巾。

多少山河多少恨，寧為大明碎骨粉身。

謹謝儒服先師明鑑，家仇國恨情何堪。

反清復明有鐵膽，立誓揮師掃北征南。[22]

劇本花費大量文字在他誓師反清，鄭成功此後退守臺灣，並以廈門為前哨，徐圖復明之路。

誓師反清英雄魂，一生戎馬四方奔。

海上闢疆順天運，留得青史千古存。[23]

這是全劇最後的旁白結尾，謂鄭成功終在海外懸島臺灣開疆闢土，成為臺灣歷史上偉大的民族英雄。

本劇看似與臺灣關係甚微，因為主時空在中國本土，臺灣也尚未進入明鄭實質統治時期（案：此際仍為荷蘭殖民）。但鄭成功影響臺灣政經之巨不必言喻，他在廈門鼓浪嶼、臺灣臺南留下諸多遺跡，都成為閩臺文化研究者珍貴的史料與古蹟。鄭成功雖志不在經營臺灣，但由於他的決定，使其與其部舊成為臺灣歷史發展的功臣，為臺灣文明推動了一大步。本劇非但不是與臺灣無關，而應是臺灣文化與歷史的淵源先聲之一。

---

22 河洛歌子戲：《風起雲湧鄭成功》光碟（臺北市：河洛文化事業公司，2008年）。
23 河洛歌子戲：《風起雲湧鄭成功》光碟（臺北市：河洛文化事業公司，2008年）。

（三）小結

　　河洛歌子戲團的鄭成功系列，從閩臺兩地在歷史舞臺第一次發生政治聯繫入手，使我們明白臺灣許多先民、文化、語言、風俗來自閩地，但明鄭移民來臺的後代，卻一一成為臺灣人、臺灣魂，成為與我們一樣在書寫臺灣史的臺灣子。臺灣土壤孕育了不同時期來到這個故鄉的遊子、移民，遊子成了兒子，再也離不開母親臺灣；移民成了兄弟，共同反哺這塊土地。因為河洛的戲，使我們更貼近臺灣、認同臺灣，也使我們更了解閩臺文化在這裡匯流而終成汪洋。

五　結語

　　以一個簡表，說明河洛在黃金十八年[24]中關注臺灣歷史、建構閩臺文化對流的作品概況。

	年份	閩臺關係	文化對流	風格類型	主要演員[25]
曲判記	1991	閩地劇本	空間	民間故事 善惡有報	唐美雲 許亞芬 王金櫻
殺豬狀元	1992	使用一些閩地語言	空間	民間故事 善惡有報	唐美雲 許亞芬 潘麗麗
臺灣，我的母親	2000	閩地移民	精神	鄉土關懷 反抗暴政	許亞芬 郭春美

---

24 意指河洛歌子戲團在這十八年創作之質與量均充沛，戲迷眾多。二〇一〇年後又製作少許作品，因人事、財務等問題即淡出歌仔戲圈。

25 唐美雲、許亞芬、呂雪鳳、小咪、石惠君、王金櫻皆曾任或現任臺灣戲曲學院歌仔戲學系教師。

	年份	閩臺關係	文化對流	風格類型	主要演員[25]
					石惠君
彼岸花	2001	閩地漳泉械鬥之風	精神	鄉土關懷愛情故事	許亞芬 郭春美 石惠君
東寧王國	2004	明鄭據廈治臺有關	歷史	歷史大戲國仇家恨	小咪 呂雪鳳 石惠君
竹塹林占梅	2005	閩地漳泉械鬥之風	精神	鄉土關懷反抗暴政	小咪 呂雪鳳 石惠君
風起雲湧鄭成功	2008	明鄭據廈治臺有關	歷史	歷史大戲國仇家恨	小咪 呂雪鳳 石惠君

　　國寶級歌仔戲表演家廖瓊枝老師（國家文藝薪傳獎歌仔戲類得主）以「凍水牡丹五十年」形容臺灣歌仔戲的美麗與哀愁。歌仔戲在風雨飄搖中生存下來，最重要的原因是不斷吸取各式文化——如京劇表演程式、中華文化——而得成長。河洛，黃河與洛水；河洛歌子戲之名，正傳達臺灣先民來自大陸遺民的遷徙軌跡，也傳達臺灣文化受中華文化影響的實況。

　　河洛歌子戲又是影響臺灣歌仔戲圈最重要的兩大系統之一，另一系統是明華園及其子團。現今許多活躍於舞臺的知名小生小旦：唐美雲、郭春美、許亞芬、呂雪鳳、小咪、石惠君、呂瓊斌、黃香蓮、呂福祿、王金櫻、陳禹安，無不出自河洛，這些名角，更為傳承歌仔戲做出許多貢獻。河洛對歌仔戲作品的製作、歌仔戲教育的薪傳，實是居功厥偉。

　　如此重要的一個劇團，推動一系列好戲，促成我們對臺灣歷史的認識、情感的認同、族群的關懷。其中，臺灣與閩地的人口、語言、風俗、歷史息息相關，閩臺文化的多元匯流與跨域整合，也在河洛做歌子戲作品中貼切地做藝術整合與呈現。由於河洛這黃金十八年的貢獻，歌仔戲才能在休閒活動越益繽紛的資訊時代生存，並負擔了閩臺文化多元匯流的成果使命。期待透過本論文的研究，能使歌仔戲的成長軌跡與特色得到釐清。

參考文獻

海峽兩岸歌仔戲藝術節組委會編　歌仔戲的生存與發展：海峽兩岸歌
　　　仔戲藝術節學術研討會論文匯編　廈門市：廈門大學出版社
　　　2006年

劉美菁　歌仔戲概論　臺北縣：學海出版社　1999年

戴月芳　臺灣歌仔戲與布袋戲　臺中市：莎士比亞出版社　2008年

林茂賢　歌仔戲表演型態研究　臺北市：前衛出版社　2006年

楊馥菱　臺灣歌仔戲史　臺中市：晨星出版社　2002年

臺北市現代戲曲文教協會編　海峽兩岸歌仔戲創作研討會論文集　臺
　　　北市：行政院文建會　1997年

曾永義　臺灣歌仔戲的發展與變遷　臺北市：聯經出版公司　1988年

莫光華　臺灣歌仔戲論文輯錄　臺中市：臺灣省地方戲劇協會　1996年

曾永義　海峽兩岸歌仔戲學術研討會論文集　臺北市：文建會出版
　　　1996年

楊馥菱　臺灣歌仔戲　臺北市：漢光文化公司　1999年

林鶴宜　臺灣歌仔戲　臺北市：聯經出版公司　2000年

陳耕、曾學文　百年坎坷歌仔戲　臺北市：幼獅文化出版公司　1995年

李珮君　現今舞臺歌仔戲劇本之研究舉隅　臺北市：行政院國家科學
　　　委員會　1996年

楊馥菱　臺閩歌仔戲之比較研究　臺北市：臺灣學生書局　2001年

蔡欣欣　臺灣歌仔戲史論與演出評述　臺北市：里仁書局　1995年

探討都市公共空間於時空變遷中的角色轉化與定位
──以臺中市建國市場為例

吳佩玲、陳楚蕓*

摘要

建國市場位於臺中市東區干城里，距離臺中火車站步行約五分鐘，於民國六十一年初竣工使用，市場的一、二樓為商業區，三、四樓為住宅區，內部商家高達七百餘家，屬臺中市最大、最具代表性的傳統市場，承載了市民大量的回憶。隨著臺中市中區的沒落與時間的演進，建國市場也面臨到老舊與衰敗的問題，尤其在經歷九二一大地震導致建築部分受損，也產生了結構安全的顧慮。目前為配合建國市場旁的臺中火車站鐵路高架化以及周遭都市土地重劃而進行市場拆遷，未來將遷移至位於東區後火車站一塊原本的臺糖用地。市場遷移方案雖已確定，然而建國市場搬遷後遺留下來的原有土地該如何定位，至今仍存有爭議性與討論空間，如何在歷史記憶、市民生活、都市發展、土地開發、都市紋理等考量中為建國市場舊址重新定位，是

* 吳佩玲，東海大學景觀學系助理教授兼副總務長。陳楚蕓，東海大學景觀學系所研究生。

本研究主要的問題。本研究採用田野調查與深度訪談的方式，蒐集資料並剖析曾為臺灣中部地區最大零售市場的建國市場過去四十年的歷史記憶，並分析周遭的自然、人文、景觀與遊憩資源環境，以及臺中市中區與東區未來發展願景，獲得建國市場舊址未來發展之最佳方案。經過一連串的分析與評估，本研究提出將建國市場舊址規畫為紀念性公園，在都市生態的角色上串連周邊臺糖生態池與臺中公園等重要開放空間節點形成都市綠色跳島以增加都市綠化面積，同時為本區提供休閒活動空間並為臺中火車站與商場增添門戶意象，另外在人文歷史方面則藉由在公園內保留建國市場部分結構遺跡與設計文史資料園區追溯歷史記憶。

關鍵詞：土地重劃、建國市場、都市紋理、紀念性空間

一 計畫緣起

　　土地重劃目的是以重新規畫整理土地與劃定後，達到土地有效利用，不僅增加都市價值，也提升了市民生活品質。臺中中區曾是昔日的鬧區，是臺中早期都市規畫的市中心。隨著時間推移，臺中都市擴張，各個重劃區逐漸取代了中區一帶，而中區也逐漸被稱所謂的「舊城區」。如今政府打算利用土地重劃方式重建舊城區的新景象，但也伴隨而來的卻是具有歷史意義的土地被劃定後取而代之，形成爭議。

　　建國市場，建於民國五十八年，於民國六十一年啟用，周邊鄰近臺中火車站、第一廣場、綠川。其建築內部一、二樓為固定攤販，三、四樓為住家，市場內部攤商有七百餘間，為臺中市最大的公有零售市場（臺中市政府經濟發展局，2015）。最初目的為容納綠川與車站附近之攤販與安置綠川沿岸違建戶所興建（王庭軒，2013）。建國市場是臺灣傳統市場的典型代表，建築型態也記錄了當時臺中市的歷史脈絡發展，也同時承載市民對市場這四十多來的記憶。

　　由於物美價廉、種類多樣性高，在建國市場最繁盛時期，在市區內屬於商品與貨物的一大集散地，連帶周邊漸漸衍生市集高達二千多家攤販，形成指標性的建築，並被認定為中臺灣最大的公有臨售市場（臺中市政府經濟發展局，2015）。民國八十八年，發生九二一大地震，規模七點一的強震使得建國市場內部出現裂縫並漏水、梁柱龜裂，房屋結構安全令人堪憂；再加上超級市場的出現，乾淨整潔的空間、易達性高且有專門設置的車位、拉長的營業時間、詳細的商標都是人潮漸漸轉向，導致建國市場逐漸開始邁向衰落。

　　目前配合政府的市區重劃與臺中火車站高架化工程，預計建國市場將搬遷至火車站後方之臺糖用地。受限於法令規定，新建國市場僅提供攤商販賣，並不提供住宅使用，除了舊有的市場面臨到拆遷，未

來的土地用途也備受爭議。本研究目的在探討有著都市空間、土地重劃、市民生活與歷史記憶等議題的建國市場於搬遷後，舊有遺址該如何重新劃定與定位。

二 文獻評析

在探討建國市場未來定位前，本研究先回顧有關建國市場歷史與相關案例資料，透過案例評估歷史脈絡以及生成原因與研究基地進行比較，評估可預期之發展以及影響，輔佐後續研究的探討。

（一）土地重劃

市地重劃是將形狀不整、無法建築使用的土地經過交換分合後，使其土地形狀方整並可直接建築使用的土地，地重劃期間少則三、五年，多則十多年（賴碧瑩，2010）。

根據內政部地政司釋出，土地重劃內容是為在都市計畫區中以交換、分合、地目變更的方式重新劃定界址及地形。道路、廣場、溝渠、兒童遊樂場、公園、綠地、國民小學、國民中學、停車場、零售市場等公共設施依土地重劃設置、變更以及廢止（土地法第138條，2011），使原來每筆土地都面臨道路成整齊宗地。公共設施及工程費用，則由參加重劃土地所有權人按其土地受益比例共同負擔。辦理方式分為有政府辦理、人民申請政府辦理與人民自行辦理三種（內政部地政司，2015）。

土地重劃結果因土地有效利用增進以致地價抬升（黃世孟，1993），但其目的在於增進都市土地合理使用與有效發揮其土地用途，提升都市價值，也使政府免費取得公共設施用地，並使都市發展更為健全（賴碧瑩，2010）。

（二）都市紋理

　　所謂都市紋理是呈現一個都市發展的脈絡與過程，分析羅馬、威尼斯、巴黎等歐洲都市發展的圖底圖（figure ground）能清楚看到都市歷史發展與變遷的脈絡。其歷程記載了人與城市互動的痕跡。

　　都市紋理在都市研究中屬於空間架構的部分，可透過都市形式的分區、分析都市發展之空間形成，進而了解都市紋理（劉秉叡、莊翰華，2006）。莊士瑩（1998）針對都市紋理歸納了以下四個重點：

一、由自然力量形成之空間紋理的都市結構元素對使用者而言具有深刻意義。

二、經由計畫力量改變舊有空間紋理會改變舊有的都市空間元素。

三、自然力量形成的空間紋理雖然不是呈現幾何原型的型式，但在都市空間結構上卻是和生活緊緊相關的。

四、使用計畫力量的格狀系統取代自然力量形成的散狀空間時應該考慮新舊公共空間的適宜性。

　　都市發展的空間結構是都市成長的記錄與人類活動區位之選擇（許珮漩，2007），包含整個都市發展中，其空間型態與方面項實質發展均具有其代表性意義。影響都市的發展有經濟因素、自然或人為的障礙、過去土地利用發展的情況、都市規畫中的政治干預以及盛行的運輸形式等等（劉豪興，1993），因此可從這些資料進行分析與研究，除了能快速了解在都市現況，亦能了解整個城市歷史過程。

（三）建國市場簡史

　　建國市場於民國六十一年初竣工使用（臺中市政府經濟發展局，2015），建國市場前身為綠川沿岸攤販，政府為了安置這些違建攤販，而設置建國市場。

　　一、二樓為市場，約四百多家；三、四樓為住宅，約一百八十戶。市場主要銷售為生鮮蔬菜、肉品、魚貨、海產等，由於商品種類豐富、價格便宜，於每日清晨起供應新鮮衛生商品，是市民購物指標地點之一，是臺中市最具代表性的傳統市場（臺中市政府經濟發展局，2015）。

　　後建國市場歷經民國八十八年九二一大地震受損，房屋結構遭外界質疑（臺中市政府經濟發展局，2015），又因超級市場、大賣場崛起，同樣以價格低廉為主，並對商品有詳細註明，易達性高的地點與停車位置方便等優點，使得傳統市場受到衝擊（王庭軒，2013）。建國市場有設置地下停車場，但因路邊攤販擺設造成道路上行駛困難，許多到此處購買的人直接把車子停在建物周圍，顯得雜亂不堪。住宅區的通風口與天井，因建築年久失修，造成內部不透光且降低通風品質。

　　目前配合臺中火車站都市更新，市場搬遷至火車站後的臺糖用地（臺中市政府經濟發展局，2015）。而建國市場舊址該如何規畫仍被具爭議。

圖一　舊建國市場建築外貌（圖片來源：本研究攝）

圖二　新建國市場建築外貌（圖片來源：朱書漢攝）

（四）案例分析——九龍城寨

　　九龍城寨位處香港九龍半島的東北角附近，因具有戰略位置價值，早期為清朝駐軍管轄之地。在日軍侵略香港，而拆除其圍牆，原先因英國侵占而變成空城的九龍城寨，屆時城外大批露宿者居住於此（香港旅遊發展局，2015）。

　　後因九龍被迫割讓，加上複雜的政治問題，使此地成為香港政府不敢管、英國政府不想管、中國政府不能管的三不管地帶（劉潤和等，2005）。至此九龍城寨成為色情場所、賭場、毒品的溫床，另外還有政府無認可的醫館林立、非法樓宇在城寨興建。同時因未設置都市計畫，城寨中的衛生品質也相當惡劣。

　　最後中英政府達成協議拆除城寨，建成九龍城寨公園。除了在園中設計特色八景，並保有當時建築特色與興建展覽館，還原城寨昔日風貌與居民生活。曾是全世界人口密度最高的罪惡之地，現今將原址改建為公園，於歷史融入園林中，成為遊客與居民旅遊、休憩之地（香港旅遊發展局，2015）。

三　研究方法

　　本研究採用田野調查與深度訪談的方式獲得分析所需資料。在田野調查方面，本研究透過東海大學創意設計暨藝術學院的「創意網路策展成市」課程，凝聚了許多關心即將拆遷建國市場這項議題的人，並陸陸續續著手開始記錄，另外也有團隊試著把這些零散的記錄者結合起來，成為「建國市場田調分享團」，主張統整對建國市場的田調，作為資料共享與資料募集的社團，為未來的文史資料與歷史記憶做努力。除了一邊記錄著建國市場，並透過管道與當地負責人與攤販聯繫，在二樓設立田調相關之辦公室，凝聚地方精神，以及探討如何連結記錄資料的文史團體與利用當地資源為建國市場創造新的活動和新的議題。而深度訪談以半結構式問卷擬定相關題目提問，訪談對象則是與建國市場搬遷這項計畫中在各單位的負責人，包括臺中市政府經濟發展局市場科調派至建國市場的管理員詹詔能先生、當地里長張碧芝女士與中區再生基地總監蘇睿弼老師。訪談內容主要以都市紋理、歷史文化和居民記憶與生活等議題為探討重點。最後再將透過田野調查和深度訪談所得內容與周邊整體基地的自然環境、人文史料、遊憩環境資源等，進行整體分析評估，建構建國市場在臺中市未來規畫發展中的願景，從中發掘出建國市場搬遷後舊址的發展與定位。

　　訪談內容方面，本研究整理訪談內容主要為都市紋理、歷史文化以及居民記憶與生活三個構面，題目大綱如下：

（一）對於建國市場搬遷後，原址的後續發展有什麼建議與期待？
（二）在搬遷過程中有遇到困難或是計畫上的缺失嗎？而在之後事如何解決？
（三）目前建國市場的零售商與居民面臨搬遷中，你認為會影響周邊生活型態嗎？而造成的影響為何？

（四）對於建國市場五十年來的變遷歷程中，讓你印象深刻是哪部
　　　分？

（五）建國市場承載了許多人的記憶與當地歷史文化，你認為此部分
　　　要如何保留與傳承給下一代的人？

（六）建國市場的一樓與二樓為零售市場，而三樓與四樓為住宅，這
　　　種獨特性的建築所帶來的歷史意義與現今面臨到的衝擊？

（七）在建國市場拆遷計畫開始執行後，陸陸續續有很多人開始關注
　　　這項計畫與記錄建國市場，在你觀察下這期間中有遇到什麼趣
　　　事或是對於建國市場有更深一步的了解嗎？

（八）如果能代表建國市場的特色與襯托該地方的文化精神，那你希
　　　望是市場中的哪一部分？

（九）在搬遷計畫中是否帶給當地住戶與店家小販一些新的希望或是
　　　遺憾，站在你的立場上是否能給予助力或是建議？

四　結果與分析

　　本研究藉由文獻評析、田野調查與深度訪談進行資料蒐集與分
析，再從景觀建築專業角度分析評估各種發展的優勢與劣勢，提出對
建國市場舊址未來發展的建議。

（一）都市紋理

　　位於東區的建國市場緊鄰舊城中區，因鄰近火車站、臺中公園及
一中商圈等，使道路交通繁雜，其活動與人潮都與中區相關，相關位
置如圖三所示。從生態綠廊的角度來看，本區域頗具生態開發潛能，
西北方之臺中公園以及東南方臺糖生態池，未來可朝整體發展努力；
若能串連臺中公園、建國市場與臺糖生態池，使之成為都市綠網，將

為臺中市帶入新的綠色要素與綠色能源整體發展之示範。

中區面積為〇·八八〇三平方公里，人口一九二八六人。因近年商業經營型態的改變，使得在日據時代所規畫的都市設計中道路過於狹窄，加上建築老舊，公共設施缺乏，且郊區、重劃區如雨後春筍林立，致商機逐漸沒落，人口逐年減少（臺中市中區區公所，2015）。現有特色景點為時常在其周邊辦活動與擁有景觀生態的綠川河岸、成功保留與轉型為商店的歷史建築──宮原眼科、第四合作信用社等。

東區面積為九·二八五五平方公里，人口為七五〇二七人。近年來，臺中市政府發布臺中火車站鐵路高架化及建國市場更新計畫案，目的為強化臺中車站附近商圈，重振舊城區。目前以臺中火車站為基礎，發展站前休閒購物中心區與交通轉運中心，結合購物、休閒及開放空間營造臺中火車站周邊未來環境特色。現有特色景點為東光綠園道、臺糖生態園區、二十號倉庫藝文空間、二二八紀念公園等。

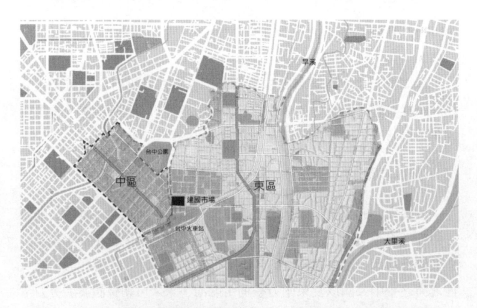

圖三　建國市場與周邊開放空間關係圖（資料來源：本研究繪製）

圖四　臺中火車站新建工程施工中照片（圖片來源：本研究攝）

（二）歷史文化

　　建國市場除了在人潮繁盛的記憶中，本身的建築也代表著歷史的過程，無論是市場帶來的價值或是本身的建築都是能代表建國市場的精神以及象徵，這當中有許多元素對於當地攤商與居民都極具保存價值與紀念性。從深入訪談中得知「建國市場的特色是建築走道有設置八卦型配置。」（2015年5月8日詹詔能先生訪談）

圖五　建國市場的特殊挑空設計（圖片來源：本研究攝）

（三）居民記憶與生活

在居民記憶與生活中，以半結構式訪談對話與田野調查呈現，在珍貴的記憶中，以下分成三類來論述，分別是鼎盛時期的建國市場、拆遷公告後所帶來的記錄人潮、對現地的未來期許。

1 鼎盛時期的建國市場

曾經在鼎盛時期的建國市場由於貨品種類多樣性高，並以零售方式販賣，再加上價格便宜等，都是吸引人群來此的原因。在建國市場拆遷公告釋出，讓居民惋惜的就是陪著建國市場一起走過興衰的過程歷歷在目。

「我年經時也曾從嘉義特地來建國市場採買，而家人來臺中打拚的時候也會到建國市場購物。這裡算是歷史悠久的代表市場。貨品種類多、價格也非常便宜。」（2015年5月8日詹詔能先生訪談）

「目前建國市場對住戶來說，在任何地方都非常方便，也可以說是住商合一，在全臺灣可能找不到這種獨特性，只能留給下一代些許片面記憶。」（2015年5月11日張碧芝女士訪談）

2 拆遷公告後所帶來的記錄人潮

建國市場搬遷這項計畫對許多人帶來衝擊，認為建國市場對於自身生命或臺中這個城市具有深刻意義的人也開始關注這個議題，建國市場田野調查團也進行了許多攝影、訪談以及影片的記錄，並且透過管道與攤商聯絡，利用已搬遷的攤商留下的攤位進行工作室的改造與進駐，為的就是將大家保留下來的記憶經由討論與策展的方式集合與保存，目的是讓下一代對建國市場有更多的了解。

「自建築市場拆遷後，有許許多多的人來到建國市場攝影與記錄，特別有遇過新人來拍婚紗照，還會特地挑舊貨梯前拍照，或舊走道。」（2015年5月8日詹詔能先生訪談）

3 對現地的未來期許

雖然建國市場拆遷對歷史記憶帶來衝擊，但由於土地重劃能重振建國市場舊址，為周邊帶來新的契機，再加上鐵路高架化與複合式商場的規畫，對未來會產生相當大的改變。

「我認為這是一個新的開始，建國市場存在四十多年，建築本身算老舊了，而且市場影響鄰近交通，顧客出入顯得擁擠。未來搬遷到新的市場，而舊建國市場將會拆除，配合都市更新作為廣場或是停車場，臺中火車站鐵路高架化、車站更新後，鄰近火車站的建國市場也

會配合未來有新的交通與新的景觀，對居民也會有新的改善。」
（2015年5月8日詹詔能先生訪談）

「我們目前要爭取現址不完全為公園，建國市場的某些空間可以
用怎樣的方式保留下來，讓其他人知道這邊曾經作為一個市場的痕
跡。……希望可以結合周邊未來綠川的整治，也希望在公園裡面能設
置汙水處理的設施，並且作為當地的一個開放空間……，能藉由這個
讓其他人知道這邊曾經有過的歷史，甚至到教育以及對附近的生態起
作用。」（2015年5月8日蘇睿弼老師訪談）

五　結論與建議

建國市場四十餘年的演變，陪伴著的不只是市場中的攤商與居
民，而是整個中區與東區，甚至是整個中部地區的人們對於建國市場
都曾經有互動與記憶。如今面臨到搬遷，舊址的土地利用有了新的可
能與趨勢，也成為眾人所關心的議題。

在建國市場的周邊土地利用型態大多為商業區與大眾工具轉運
站，目前臺中火車站正進行鐵路高架化的整體建設中，周邊儼然將會
成為大型商業區，帶動整個落寞的東區與西中區。而距離火車站步行
不到五分鐘的建國市場未來的定位，也跟將隨著臺中火車站的整體規
畫設計而有了新的方向與定位。

目前都市化下的土地使用，除了進行住宅與商業區開發外，生活
休閒、觀光遊憩、環境生態也越來越受到重視。臺中火車站未來成為
大型購物中心與轉運站，在大量人潮湧進時，周遭土地的規畫使用如
何扮演好紓解與支援的角色，便顯得格外的重要。

建國市場舊址未來周遭重劃後，根據田野調查、都市紋理分析與
深入訪談結果，本研究建議將現地規畫設計為紀念性公園，提供居民

與遊客到此進行休閒遊憩。而遺留下來的特色舊址與部分結構體，可結合開放空間再創造為公共藝術，並且在園內設置建國市場歷史資料館。除了富含歷史保存與教育意義之外，利用綠帶連結臺中公園、建國市場與臺糖生態池三個本區主要的都市開放空間，讓建國市場扮演重要的自然生態跳島角色，達到縫合區域與生態和諧共存的目的，讓綠色廊道提升臺中市東區與中區的整體都市空間品質。

參考文獻

王庭軒　拆遷前夕──以建國市場的影像故事論建國市場的發展與現況　2013年

黃世孟　臺灣都市計畫講習錄　1993年

莊士瑩　形成地方特色的空間紋理探討──以臺中市都市景觀為例　1998年

賴碧瑩　市地重劃之地價影響因素研究──以高雄市為例　2010年

許珮漩　臺灣都市蔓延之影響因素分析　2007年

劉秉叡，莊翰華　都市紋理之初探──彰化火車站周邊地區為例　2006年

黃子珍　城鄉介面產業發展之空間結構變遷──以臺中縣市為例　2010年

向雯涵　城鄉介面產業發展之空間結構變遷臺中市中區都市再生之研究　2009年

王啟浩　街區　建國市場重劃　2013年

劉潤和，馮錦榮，高添強，周家建　九龍城區風物志　2005年

香港法定古蹟，康樂及文化事務署 http://www.amo.gov.hk/b5/monuments_63.php

臺中建國市場　維基百科　下載日期：2015/5/15，取自：http://zh.wikipedia.org/wiki/%E5%8F%B0%E4%B8%AD%E5%BB%BA%E5%9C%8B%E5%B8%82%E5%A0%B4。

朱書漢　寫作中區　下載日期：2015/5/15，取自：http://leasebook.blogspot.tw/2015/03/blog-post_27.html。

經濟部　市集介紹　下載日期：2015/5/15，取自：http://market.cto.moea.

gov.tw/Market/table.asp?id=401-0002。

黃子倫　我的家是天堂——談臺中市建國市場的拆遷　天下雜誌　下
　　　　載日期：2015/5/15，取自：http://opinion.cw.com.tw/blog/profile/
　　　　522/article/2280。

蘇睿弼　建國路224號——建國市場田調分享團　下載日期：2015/5/15，
　　　　取自：https://www.facebook.com/groups/983242741773683/10
　　　　07881279309829/？notif_t=group_activity。

內政部地政司　徵收業務　下載日期：2015/5/15，取自：http://www.
　　　　land.moi.gov.tw/chhtml/landfaq1.asp？fqid=811&cid=2。

臺中市中區區公所　中區概述　下載日期：2015/5/15，取自：http://www.
　　　　central.taichung.gov.tw/ct.asp？xItem=63952&ctNode=4859&mp=
　　　　128010。

奧斯本檢核表應用於璞石藝術之研究

邱凡芸、孫劍秋*

摘要

　　璞石藝術發展至今，已經有三十多年的歷史，為臺灣本土獨創之一門藝術。此藝術發源地於花蓮縣玉里鎮，創始人為玉里高中之邱創用老師。璞石藝術作品，已經有大型壁畫、小型畫作、建築藝術、庭園造景等等。本研究旨於應用奧斯本檢核表理論，透過轉用、應用、改變、擴大、縮小、替代、重組、顛倒、結合這九項研發新產品的原則，分別檢視璞石藝術作品、璞石文創產品，並探索發展璞石周邊商品之可能。研究結果顯示，若是透過奧斯本檢核表分析璞石藝術作品與文創產品，則發現九項都已經被採用。然而，璞石周邊商品的設計，卻有待發展。筆者以奧斯本檢核表理論為依據，發展出九類璞石周邊商品設計。

關鍵詞：璞石藝術、璞石畫、奧斯本檢核表、文化創意產品

---

* 邱凡芸，國立金門大學華語文學系助理教授，為本文第一作者。孫劍秋，國立臺灣戲曲學院通識教育中心教授兼副校長（借調），為本文通訊作者。

一 前言

　　璞石藝術為臺灣本土獨創之一門藝術，發源地於花蓮縣玉里鎮，創始人為玉里高中之邱創用老師。為了紀念此門藝術發源於玉里，因此採用玉里的舊稱璞石閣（原住民語的意義為風塵之巷），將其命名為璞石藝術。璞石藝術發展至今，已經有三十多年的歷史，有大型壁畫坐落於中研院（圖一）、太魯閣國家公園（圖二）、玉里火車站廣場（圖三）等地；有小型畫作（圖四至圖六）適合於室內展示；有建築藝術類的璞石厝（圖七）、璞石桌椅（圖八）、璞石花牆（圖九）等等。近年來中華民國各級政府單位，也積極投入資金扶助其成長，如今已經在玉里鎮成立璞石藝術館，供璞石藝術創作者研習、創作以及展覽，也讓有興趣的民眾參觀，並在兩三小時之內，體驗創作小幅璞石畫 DIY 的樂趣。璞石藝術也進入花蓮縣玉里鎮的源城國小、玉里高中的地方特色課程中，長期教學深耕，培育新一代的學子。

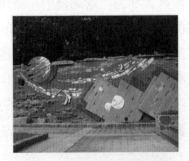 

圖一　中研院大壁畫躍昇　　圖二　太魯閣國家公園大壁畫原鄉人

圖五　西北雨

圖六　海豚

圖七　璞石厝

圖八　璞石桌椅

圖九　璞石花牆

　　除了藝術作品之外，璞石藝術亦積極開拓文化創意產業，發展出各式各樣的文創產品，諸如璞石肥皂盒、璞石花器、璞石燈具、璞石鐘等等，廣受大眾喜愛的文創小品。而奧斯本檢核表所提出之理論，正適合發展各式各樣的新產品。（參考表一）

表一　奧斯本檢核表

項目	說明
1.商品「轉用」在其他事物	是否可以轉作他用？ 在維持現況下是否有其他用途？ 改造或改良後是否有新的用途？
2.商品改造「應用」	是否有類似的東西？ 過去是否有類似的東西？ 有沒有可以模仿的地方？
3.「改變」商品	是否有其他觀點？ 改變顏色、聲音、味道、含義、動作、形狀等會如何？
4.商品加進新元素「擴大」	是否可以添加其他要素？ 是否可以重複、增加、擴大、誇張時間、頻率、高度、長度、強度等？
5.商品除去某種元素「縮小」	是否可以去除某種元素？ 是否可以做得更小？ 是否可以減弱？ 是否可以下降？ 是否可以縮短？ 是否可以省略某種元素？ 是否可以分解某種元素？
6.商品以其他人事物或能源「替代」	是否可以使用其他成分、元素、原料、材料替代？ 是否可以用其他過程代替？ 是否可以用其他場所替代？ 是否可以其他進行方式替代？ 是可以用其他聲音或色調替代？ 是否可以用其他人替代？

項目	說明
7.改變商品「重組」	是否可以重組構成要素？ 模式、順序、架構是否可以變更？ 速度或時程是否可以改變？ 原因和結果是否可以交換？
8.商品「顛倒」用在其他事物	是否可以上下顛倒？ 是否可以向後發展？ 擔任的角色是否可以顛倒？ 立場是否可以顛倒？ 是否可以打破常規？ 是否可以替換？
9.「結合」不同商品的優點	構成要素、目的、賣點、想法是否可以結合？ 是否可以混合？ 是否可以重組？

資料來源：修改自陳心慧譯（2014：81-120）

　　本研究旨於應用奧斯本檢核表理論，透過轉用、應用、改變、擴大、縮小、替代、重組、顛倒、結合這九項研發新產品的原則，分別檢視璞石藝術作品、璞石文創產品，並探索發展璞石周邊商品之可能。（參考圖十）

　　筆者刻意將璞石藝術作品、璞石文創產品，以及璞石周邊商品區隔開來。璞石藝術作品指的是具有藝術性、原創性的藝術作品，雖然部分藝術作品具有實用功能，其藝術價值卻遠超過實用功能。璞石文創產品指的是運用璞石藝術的石材、砂材或原理原則，發展出兼具美感和實用功能的物品，雖然具備藝術之美，然而強調物品的實用功能。璞石周邊商品，則是依據現有的璞石藝術作品，以及璞石文創產品，再往外延伸、變化，發展出的各類商品。

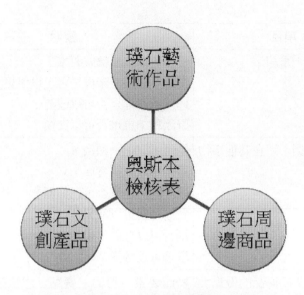

圖十　本研究架構圖

二　奧斯本檢核表於璞石藝術作品之應用

　　璞石藝術造形原理運用於各式各樣的璞石藝術作品，若是透過奧斯本檢核表分析璞石藝術作品，將發現九項都已經被採用。（參考表二）

表二　奧斯本檢核表於璞石藝術作品之應用

奧斯本檢核表	璞石藝術作品之應用
1.商品「轉用」在其他事物	璞石屏風（圖十二）
2.商品改造「應用」	璞石陽臺（圖十三）
3.「改變」商品	璞石椅（圖十四）
4.商品加進新元素「擴大」	璞石柱（圖十五）
5.商品除去某種元素「縮小」	璞石畫 DIY（圖十六）
6.商品以其他人事物或能源「替代」	璞石庭園（圖十七）

奧斯本檢核表	璞石藝術作品之應用
7.改變商品「重組」	璞石花圃（圖十八）
8.商品「顛倒」用在其他事物	璞石魚池（圖十九）
9.「結合」不同商品的優點	璞石厝（圖二十至圖二二）

資料來源：作者自製

　　邱創用老師將主要的璞石藝術造形原理，融於璞石厝正面左上方的藝術牆上（圖十一）。石材色彩協調，大小不一，彼此配搭組合。石縫的線條，具有方向感，不可武斷地切割畫面。加上幾顆立體圓石的裝飾，使整個畫面，兼具質感與量感。

　　第一項為商品「轉用」在其他事物，如璞石屏風（圖十二）。此為設置於花蓮縣玉里火車站廣場的一件作品，白色卵石代表玉里重要的河川秀姑巒溪，上方豎立的長條石塊與圓石，代表溪床旁的花草樹木。

圖十一　璞石藝術牆　　　　圖十二　轉用──璞石屏風

　　第二項為商品改造「應用」，如璞石厝右側的陽臺（圖十三）。陽臺以深棕色、深紫色、灰色等，大小不一的石材，排列裝飾而成，將平面的作畫原理，應用於立體陽臺。

　　第三項為「改變」商品，如璞石椅（圖十四）。座椅處依照璞石

藝術造形原理，以黃色石材、黑色板岩、白色卵石排列組合而成。上方的一個個圓柱，則是延伸大小不一的原則，將立體圓柱排列，形成椅背。

圖十三　應用──璞石陽臺

圖十四　改變──璞石椅

第四項為商品加進新元素「擴大」，如位於花蓮縣玉里藝文中心正門的作品「心靈舞臺」的璞石柱（圖十五）。邱老師運用新的重組石材，創造出一位梳著包頭，瞇著鳳眼，穿著中國傳統寬袖服飾，正在沿著柱子向上飛躍的舞者。傳統的璞石藝術，運用天然石材創作，經常受到色彩上的侷限，石材也有各自的紋理，碎裂方向往往不容易掌握。自從發明重組石材之後，石材的色澤、質感、敲打裂痕走向的穩定度，都受到很好的控制。近期的作品，天然石材與重組石材配搭使用，效果更為顯著。

第五項為商品除去某種元素「縮小」，如璞石畫 DIY（圖十六）。一般的璞石畫作品，長寬都有一百多公分，需要好幾個月才能完成一幅畫作。常常聽到到花蓮遊玩，偶然發現璞石藝術的遊客，嘆息說：「我也很想要做一幅畫，可是我明天就要回去了，怎麼辦？」於是邱老師發明了長寬只有十多公分的璞石畫 DIY 石板，讓好奇這門藝術，想要體驗的民眾，可以透過已經處理過的璞石畫 DIY 石材，創作自己喜愛的畫面，只需要一、兩小時，即可完成一幅作品，帶回家欣賞。

圖十五　擴大──璞石柱　　　圖十六　縮小──璞石畫DIY

　　第六項為商品以其他人事物或能源「替代」，如璞石庭園（圖十七）。此為璞石厝外的庭園，除了石材部分，依照璞石藝術原理設計之外。三座圓形臺座，上面種植數排的雪花矮樹，其排列方式，彼此的間距與方向感，仍然依照璞石藝術造形原理。若是由高空往下拍攝，可以看到雪花矮樹構成的線條，和三座圓形臺座配搭起來，宛如植物取代了部分石材，形成的璞石庭園。

　　第七項為改變商品「重組」，如璞石花圃（圖十八）。圖中的石牆，全部為修蓋璞石厝時，由地下挖出來的天然石塊，沒有經過任何工具裁切雕刻。原本這些只是一堆不起眼的石頭，一般屋主會找搬運公司將石塊清理掉，以免妨礙觀瞻。然而，邱老師卻利用簡易的璞石藝術造形原理，將這些石塊重新排列組合，變成美觀具有藝術價值的花圃，配合上方的植栽，一剛一柔，彼此相映。

圖十七　替代──璞石庭園　　　圖十八　重組──璞石花圃

　　第八項為商品「顛倒」用在其他事物，如位於玉里高中行政大樓，樓梯轉角處的璞石魚池（圖十九）。魚池利用稍加裁切過的天然大小圓石組合而成，仍然遵照著璞石藝術造形原理排列。然而大部分的璞石藝術作品，均以石材為主角，這個璞石魚池，卻主客倒置，採用不起眼的石材顏色為邊框與牆面，襯托水池中鮮艷靈活的紅色、白色或黃色的魚兒。

　　第九項為「結合」不同商品的優點，如璞石厝（圖二十）。璞石厝為璞石藝術原理運用於各種藝術作品的結合。戶外的庭院、石牆、花臺，室內的畫廊空間擺設（圖二一）、客廳的地面、牆面、門廊等等（圖二二），為璞石藝術作品之大成。

圖十九　顛倒──璞石魚池

圖二十　結合──璞石厝外觀

圖二一　結合──璞石厝畫廊

圖二二　結合──璞石厝客廳

三　奧斯本檢核表於璞石文創產品之應用

　　璞石藝術造形原理運用於各式各樣的璞石文創產品，若是透過奧斯本檢核表分析璞石文創產品，將發現九項都已經被採用。（參考表三）

表三　奧斯本檢核表於璞石文創產品之應用

奧斯本檢核表	璞石文創產品之應用
1.商品「轉用」在其他事物	璞石花器（圖二三）
2.商品改造「應用」	璞石鐘（圖二四）
3.「改變」商品	璞石燈具（圖二五）
4.商品加進新元素「擴大」	璞石招牌（圖二六）
5.商品除去某種元素「縮小」	璞石文鎮（圖二七）
6.商品以其他人事物或能源「替代」	璞石藝術 APP（圖二八）
7.改變商品「重組」	璞石筆筒（圖二九）
8.商品「顛倒」用在其他事物	璞石春聯（圖三十）
9.「結合」不同商品的優點	璞石壁紙（圖三一）

　　第一項為商品「轉用」在其他事物，如璞石花器（圖二三）。以璞石藝術造形原理，裝飾花器的外觀，即形成各種形狀，可拿來栽植室內植物的璞石花器。

　　第二項為商品改造「應用」，如璞石鐘（圖二四），將璞石畫與時鐘結合。以璞石素材，於鐘面上設計自己喜歡的花樣，裝上時針、分針、秒針與電池後，就成了璞石鐘，可站立於桌面，也可吊掛在牆上。

圖二三　轉用──璞石花器　　　圖二四　應用──璞石鐘

　　第三項為「改變」商品，如璞石燈具（圖二五）。將璞石容器鏤空，裝上燈泡，於燈具的正面製作璞石畫，即完成造型優美的璞石燈具。

　　第四項為商品加進新元素「擴大」，如璞石招牌（圖二六）。擴大璞石藝術以圖像為主的思維方式，將字形納入，以璞石藝術造形原理設計招牌字體的表面。若放置室內的招牌，可用珍珠板製作。若預計要放置屋外的招牌，則可採用較堅固且防水的材料，取代珍珠板。璞石石材與璞石砂材，只要經過特殊處理，可禁得住日曬雨淋。

圖二五　改變──璞石燈　　　圖二六　擴大──璞石招牌

　　第五項為商品除去某種元素「縮小」，如璞石文鎮（圖二七）。將文創產品縮小成巴掌大的文鎮，利用璞石素材，拼貼自己喜愛的圖樣。

圖二七　縮小──璞石文鎮

　　第六項為商品以其他人事物或能源「替代」，如璞石藝術 APP（圖二八）。以電腦虛擬軟體，取代實體石材。透過璞石藝術 APP 的功能，可以在電腦上創作虛擬的璞石藝術作品，結合照片或影片，分享到臉書社群，與好友共享創作的歷程。

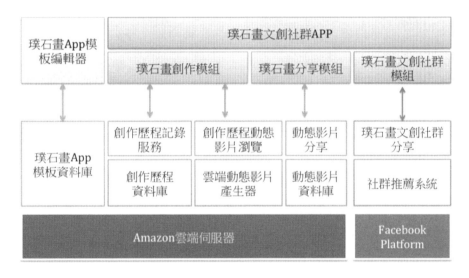

圖二八　替代──璞石藝術APP

　　第七項為改變商品「重組」，如璞石筆筒（圖二九）。將璞石文創產品以及本土文化特色融於一體。左側為客家土樓的造形，具有客家

傳統建築文化意涵。右側為青蛙的造型，相傳五、六十年以前，玉里秀姑巒溪有一大塊石頭，樣貌類似青蛙，當地人稱它為青蛙石。民間盛傳，只要河水的水位，高過青蛙的嘴巴或頭頂，當年就會有嚴重的水災或風災。如今，雖然青蛙石早已被不肖商人盜採、消失，然而，當地耆老的口中，仍舊盛傳這則民間傳說，記錄了玉里當年的人文歷史。

　　第八項為商品「顛倒」用在其他事物（圖三十）。例如利用喜氣洋洋的紅色璞石砂材製作顛倒的春字，象徵春到人間。再以璞石石材將春字圍起來，像傳統春聯的樣貌，右上角設計兩串小鞭炮。為華人喜愛於過年，掛於家中門上、牆上的飾品。

圖二九　重組——璞石筆筒　　　　　圖三十　顛倒——璞石春聯

　　第九項為「結合」不同商品的優點，如璞石壁紙（圖三一）。將不同顏色的璞石石材一片片打散後，重新拼貼結合，可成為立體的璞石壁紙，裝飾壁面。較傳統壁紙更加堅固耐用，且美觀具有質感，可依照自己喜愛的方式拼貼。

圖三一　結合——璞石壁紙

四　結論與建議

　　璞石藝術造形原理運用於各式各樣的璞石藝術作品以及文創產品。若是透過奧斯本檢核表分析璞石藝術作品與文創產品，則發現九項都已經被採用。然而，璞石周邊商品的設計，卻有待發展。筆者以奧斯本檢核表理論為依據，發展出九類璞石周邊商品設計。（參考表三）

表三　奧斯本檢核表於璞石周邊商品之應用

奧斯本檢核表	璞石周邊商品之應用
1.商品「轉用」在其他事物	璞石標示牌：房門號碼牌、方向牌、廁所標示牌（圖三二）
2.商品改造「應用」	璞石郵件：郵票、明信片、信紙（圖三三）
3.「改變」商品	璞石布料：手帕、桌巾、筆袋（圖三四）
4.商品加進新元素「擴大」	璞石相框：圓形相框、方形相框、心形相框（圖三五）

奧斯本檢核表	璞石周邊商品之應用
5.商品除去某種元素「縮小」	數位貼圖：人物表情、標點符號、動物（圖三六）
6.商品以其他人事物或能源「替代」	璞石造形點心：璞石厝蛋糕、躍昇巧克力、西北雨餅乾（圖三七）
7.改變商品「重組」	璞石拼圖：七巧板、平面拼圖、積木（圖三八）
8.商品「顛倒」用在其他事物	璞石拓印：貝殼、蝴蝶、花紋（圖三九）
9.「結合」不同商品的優點	璞石模型設計：建築物、庭院、停車場（圖四十）

第一項為商品「轉用」在其他事物，如利用璞石材料製作標示牌（圖三二）。可製作房門號碼牌[1]，成為民宿特色；可製作方向牌[2]，指引方位；可製作廁所標示牌[3]，區隔使用性別。

房門號碼牌

方向牌

廁所標示牌

圖三二　璞石標示牌（示意圖）

1 TMOK好來屋（不詳）。陶燒門牌。2014年11月27日，取自http://www.88897.com.tw/plate_4.html
2 NiPic昵圖網（2014）。木質方向牌圖片。2014年11月27日，取自http://www.nipic.com/show/2/93/e2700e07bf82ebb3.html
3 廁所標示牌DIYSite自由貿易（2014）。廁所標示牌。2014年11月27日，取自http://tc.diytrade.com/china/pd/10100108/廁所標示牌.html

　　第二項為商品改造「應用」，如璞石郵件（圖三三）。以璞石藝術作品為底圖，設計郵票[4]、明信片[5]、信紙[6]等等。

郵票　**明信片**　**信紙**

圖三三　璞石郵件（示意圖）

　　第三項為「改變」商品，如璞石布料（圖三四）。以璞石藝術作品為底圖，印於布料上，設計為手帕[7]、桌巾[8]、筆袋[9]等等布製商品。

4　和訊（2006）。美國發行的一套海洋動物郵票。2014年11月27日，取自http://dongshengpoint.blog.hexun.com/5858522_d.html

5　攝影家手札科技股份有限公司（2013）。個性化明信片一套。2014年11月27日，取自http://m.photosharp.com.tw/Shopping20/content.aspx?pid=566

6　桌布天堂（不詳）。卡通兔子信紙。2014年11月27日，取自http://www.wall001.com/cartoon/petter_rabbit/html/image5.html

7　Tencent騰訊網（2009）。手帕。2014年11月27日，取自http://luxury.qq.com/a/20090910/000024.htm

8　帝而威股份有限公司（2014）。古典印花金屬桌巾。2014年11月27日，取自http://homedeco.shop.rakuten.tw/rn-pw143-026/

9　文筆網路科技有限公司（不詳）。時尚筆袋。2014年11月27日，取自http://tw.ttnet.net/cshow_html.jsp/%ae%c9%a9%7c%b5%a7%b3U/SS/cooklang/1/cooklang/1/highquality/Y/prdhtm/Y/cono/40064779/item_no/17/itno/CB250/dtno/000/type1/A

手帕　　　　　桌巾　　　　　筆袋

圖三四　璞石布料（示意圖）

　　第四項為商品加進新元素「擴大」，如璞石相框（圖三五）。將璞石藝術元素與相框結合，設計圓形相框[10]、方形相框[11]、心形相框[12]等等，各種形狀的相框。

圓形相框　　　方形相框　　　心形相框

圖三五　璞石相框（示意圖）

　　第五項為商品除去某種元素「縮小」，如數位貼圖（圖三六）。運

---

10 集圖網（2012）。歐式圓形復古相框。2014年11月27日，取自http://www.jitu5.com/tuku/201104/49846.html

11 小龍文檔網（2013）。相框設計圖。2014年11月27日，取自http://www.xltkwj.com/wendang/PveQHfDnioBatCQq.html

12 NetEase網易（2014）。小熊心形韓板相框。2014年11月27日，取自http://home.163.com/11/1124/21/7JLHT8GG00104IJA.html

用璞石畫製作各種人物表情、標點符號[13]或動物造形等等，再拍攝照片，縮小為數位貼圖，可運用於臉書或Line，與家人、朋友對話。

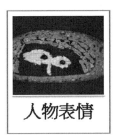

圖三六　數位貼圖（示意圖）

第六項為商品以其他人事物或能源「替代」，如璞石造形點心（圖三七）。以蛋糕[14]替代石材，與璞石厝結合，可成為璞石厝蛋糕。以巧克力[15]替代石材，與大壁畫躍昇結合，可成為躍昇巧克力。以餅乾[16]替代石材，與西北雨畫面中，大大小小的雨點造形結合，可成為西北雨餅乾。

---

13 North網誌（2007）。標點符號人。2014年11月27日，取自http://northluo.blogspot.tw/2007/10/blog-post.html

14 河源零距離（2014）。星巴克蛋糕屋。2014年11月27日，取自http://www.hyljl.com/information-id-25937.html

15 痞客邦（2009）。See's CANDIES。2014年11月27日，取自http://www.paulyear.com/blog/post/105199105-阿甘正傳%3A人生就像巧克力一樣～美國-see's-cand

16 Flickr（2010）。餅乾。2014年11月27日，取自http://www.flickr.com/photos/jchristabelle/4559729735/

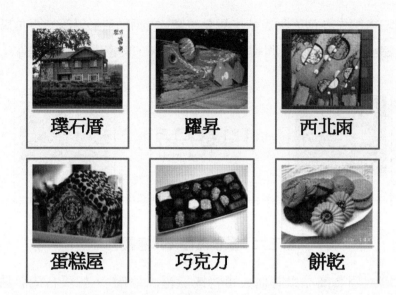

璞石厝	躍昇	西北雨
蛋糕屋	巧克力	餅乾

圖三七　璞石點心（示意圖）

　　第七項為改變商品「重組」，如璞石拼圖（圖三八）。以各種顏色的璞石重組石材，製作稍微有厚度的幾何圖形，可設計成為七巧板[17]。以璞石藝術代表作品為底圖，印製於厚紙上，裁切為拼圖，可成為平面拼圖[18]。以各種顏色的璞石重組石材，製造立體幾何圖形，可成為積木[19]。

17　山東省煙臺市牟平區大窯中學（不詳）。七巧板。2014年11月27日，取自http://www.dyzx.mpedu.cn/zhishixiao/html/?488.html

18　CHINAZ.COM（2012）。拼圖。2014年11月27日，取自http://sc.chinaz.com/tupian/120506189211.htm

19　EZprice 比價網（2014）。韓國愛迪EDTOY磁吸城堡積木。2014年11月27日，取自http://ezprice.com.tw/ezpd_compare/381/24703-《韓國愛迪EDTOY》磁吸城堡積木.htm

七巧板　　　　　拼圖　　　　　積木

圖三八　璞石拼圖（示意圖）

第八項為商品「顛倒」用在其他事物，如璞石拓印（圖三九）。以各種璞石畫為底，在上面覆蓋紙張，以鉛筆或蠟筆拓印，成為別具風格的貝殼[20]、蝴蝶[21]、花紋[22]等等拓印圖。

貝殼拓印　　　　蝴蝶拓印　　　　花紋拓印

圖三九　璞石拓印（示意圖）

第九項為「結合」不同商品的優點，如璞石模型設計（圖四十）。利用璞石藝術研發的石材與砂材，黏貼於以厚紙或保利龍製作

---

20 NiPic昵圖網（2008）。貝殼拓印。2014年11月27日，取自http://www.nipic.com/show/3/10/e1209190a2dc071d.html

21 我圖網（2011）。蝴蝶拓印。2014年11月27日，取自http://www.ooopic.com/sucai4/7b953141c2bf1b8a.html

22 PhotoPhoto.cn圖行天下（2008）。古典藝術花紋。2014年11月27日，取自http://www.photophoto.cn/photo/gudianyishu/tuoyin/image_be9a91500a990338.htm

的模型表面，即可成為具有質感的璞石模型設計，如璞石建築、璞石庭院、璞石停車場等等。

璞石建築物　　　璞石庭院　　　璞石停車場

圖四十　璞石模型設計（示意圖）

　　璞石藝術原創者邱創用老師，有源源不絕的創造力，為璞石藝術的領域的先鋒。邱老師的璞石藝術作品以及璞石文創作品，與奧斯本檢核表提出的理論，不謀而合，足見其巧思的深度與廣度。以奧斯本檢核表設計各式各樣的璞石周邊商品，則尚有許多可發揮的空間。璞石周邊商品的發展，可以讓一般民眾有機會透過這些周邊商品，進一步認識璞石文創產品的廣度，以及璞石藝術作品的深度，在藝術的陶冶下，漸漸成為一位有品味的生活藝術家。

參考文獻[23]

CHINAZ.COM（2012） 拼圖 2014年11月27日，取自http://sc.chinaz.com/tupian/120506189211.htm

EZprice比價網（2014） 韓國愛迪EDTOY磁吸城堡積木 2014年11月27日，取自http://ezprice.com.tw/ezpd_compare/381/24703-《韓國愛迪EDTOY》磁吸城堡積木.htm

Flickr（2010） 餅乾 2014年11月27日，取自http://www.flickr.com/photos/jchristabelle/4559729735/

NetEase網易（2014） 小熊心形韓板相框 2014年11月27日，取自http://home.163.com/11/1124/21/7JLHT8GG00104IJA.html

NiPic昵圖網（2008） 貝殼拓印。2014年11月27日，取自http://www.nipic.com/show/3/10/e1209190a2dc071d.html

NiPic昵圖網（2014） 木質方向牌圖片 2014年11月27日，取自http:// www.nipic.com/show/2/93/e2700e07bf82ebb3.html

North網誌（2007） 標點符號人 2014年11月27日，取自http://northluo.blogspot.tw/2007/10/blog-post.html

PhotoPhoto.cn圖行天下（2008） 古典藝術花紋 2014年11月27日，取自http://www.photophoto.cn/photo/gudianyishu/tuoyin/image_be9a91500a990338.htm

Tencent騰訊網（2009） 手帕 2014年11月27日，取自http://luxury.qq.com/a/20090910/000024.htm

---

[23]本研究所引用之璞石藝術相關圖片，均為第一手資料，由璞石藝術工作坊提供。

TMOK好來屋（不詳） 陶燒門牌 2014年11月27日，取自http://www.88897.com.tw/plate_4.html

小龍文檔網（2013） 相框設計圖 2014年11月27日，取自http://www.xltkwj.com/wendang/PveQHfDnioBatCQq.html

山東省煙臺市牟平區大窯中學（不詳） 七巧板 2014年11月27日，取自http://www.dyzx.mpedu.cn/zhishixiao/html/?488.html

文筆網路科技有限公司（不詳） 時尚筆袋 2014年11月27日，取自http://tw.ttnet.net/cshow_html.jsp/%ae%c9%a9%7c%b5%a7%b3U/SS/cooklang/1/cooklang/1/highquality/Y/prdhtm/Y/cono/40064779/item_no/17/itno/CB250/dtno/000/type1/A

我圖網（2011） 蝴蝶拓印 2014年11月27日，取自http://www.ooopic.com/sucai4/7b953141c2bf1b8a.html

和訊（2006） 美國發行的一套海洋動物郵票 2014年11月27日，取自http://dongshengpoint.blog.hexun.com/5858522_d.html

河源零距離（2014） 星巴克蛋糕屋 2014年11月27日，取自http://www.hyljl.com/information-id-25937.html

帝而威股份有限公司（2014） 古典印花金屬桌巾 2014年11月27日，取自http://homedeco.shop.rakuten.tw/rn-pw143-026/

桌布天堂（不詳） 卡通兔子信紙 2014年11月27日，取自http://www.wall001.com/cartoon/petter_rabbit/html/image5.html

陳心慧（譯）（2014） 村山涼一著打動人心！這樣企畫就對了。新北市：奇光出版。

廁所標示牌DIYSite自由貿易（2014） 廁所標示牌 2014年11月27日，取自http://tc.diytrade.com/china/pd/10100108/廁所標示牌.html

痞客邦（2009） See's CANDIES 2014年11月27日，取自http://www.

paulyear.com/blog/post/105199105-阿甘正傳%3A人生就像巧
克力一樣～美國-see's-cand

集圖網（2012）　歐式圓形復古相框　2014年11月27日，取自http://
www.jitu5.com/tuku/201104/49846.html

攝影家手札科技股份有限公司（2013）　個性化明信片一套　2014年
11月27日，取自http://m.photosharp.com.tw/Shopping20/content.
aspx?pid=566

竹工藝人才培育之研究

——以南投縣為例

高宜淓、黃世輝*

摘要

　　本研究以文獻分析、深入訪談等研究方法，探討國立臺灣工藝研究發展中心與竹山鎮公所在竹工藝人才培育的歷程與分析，以回應當今文化創意時期，傳統竹工藝面對微型化與轉型之際，其竹工藝技藝人才的傳承與培育。竹山因生產竹子而發展竹工藝產業，產業發展需要人才挹注，本研究透過臺灣竹工藝產業發展歷程的梳理，彙整其竹工藝人才培育的三個時期，分述如下：一、一九三八至一九四六年為基礎期，因日籍竹工藝家來竹山教授細竹工技藝奠定了人才資料庫，而成為日後竹產業發展的主要基礎。二、一九四六至一九九九年為發展期，工藝中心大量辦理竹產業人才培育課程，並因應一九六〇至八〇年代產業迅速地發展對人才的需求；又一九七四年竹山高中成立美工科，以培育竹工藝產業人才為主，是中等教育裡以培育在地特色產業人才的學校。除此之外，一九八七年以後竹山鎮雖面臨竹工藝產業外移或微型化，但竹山鎮公所堅持竹工藝技藝傳承的文化價值，長期

---

* 高宜淓，佛光大學產品與媒體設計學系助理教授。黃世輝，國立雲林科技大學設計學研究所教授。

舉辦竹工藝人才培育計畫。三、一九九九年至今為文創期，此時期最大特色是工藝技藝與設計專業的媒合與試驗，成立「易」（Yii）品牌的國際性行銷計畫，以及成立「Bamboo」竹藝研究會企圖讓竹工藝產業的第二代接班人與設計師合作，進行文化創意產品研發。研究發現工藝中心的竹工藝人才培育隨著產業發展與轉型，其培育的課程除了技藝傳承外，著重在產品開發、竹材應用、技術研發、品牌行銷等不同策略的應用，以協助產業提升能量為目的。而竹山高中與竹山鎮公所為竹山的竹工藝產業分別培育不同時期的人才需求，竹山高中著重在當代竹產業人才供應；鎮公所則以不斷地技藝傳承為策略，儼然形成地域性工藝人才與技藝在傳承上的永續循環。

關鍵詞：社區工藝、工藝教育、社會變遷、人才培育

一　緒論

　　臺灣工藝歷經不同政經時態起伏發展，在工藝技術傳承與產業規模上有很大的轉變。在清治時期的來臺移民者以模仿原鄉的工藝技術，作為在臺安身立命的謀生技能；在日治時期因日政府將臺灣視為農工產業發展的殖民基地，以「殖產興業」為策略，派遣日籍竹工藝家來臺教授工藝技藝，為臺灣細竹工技術與生活美學奠定根基；在國民政府時期以倡導「家庭即工廠」，鼓勵家庭代工，擴大外銷，促進經濟繁榮為目的，此時期臺灣以發展經濟為首要，而忽略了常民生活美學的涵養。工藝產業以家庭副業形式成功地創造外銷收入後，歷經塑膠產業的大量生產大量消費，以及一九八七年經濟自由化政策，重重打擊傳統工藝產業的產值與人才運用。當今的文化創意時期，臺灣工藝也從傳統迎向創新，工藝中心[1]自二〇〇五年起規畫以「易」（Yii）品牌策略，將臺灣工藝與設計媒合，並參與國際性商展，引發歐美各國買家的關注。

1　國立臺灣工藝研究發展中心（簡稱工藝中心）是引領臺灣工藝產業發展的公部門，隸屬於文化部，其歷經不同政經時期的組織變革，本文如論述不同時期的竹工藝人才培育，將使用其當年代的組織名稱；普遍用法則以工藝中心稱之。工藝中心歷經的組織變革有：（1）一九五四年「南投縣工藝研究班」、（2）一九五九年「南投縣工藝研習所」、（3）一九七三年「臺灣省手工業研究所」、（4）一九九九年「國立臺灣工藝研究所」、（5）二〇一〇年「國立臺灣工藝研究發展中心」。

二　文獻探討

（一）公部門的工藝政策與推動

　　一九四五年臺灣光復後，翌年臺灣省政府建設廳籌組「臺灣省手工藝品推廣委員會」，但因當時局勢不穩定，執行成效不彰。一九五一年，政府聘顏水龍為顧問，顏水龍展開全省各地手工業田野調查，並規畫復興方案，舉辦手工藝講習會。一九五二年南投縣政府自行設立「工藝專修班」，以培育工藝製作人才為主。一九五三年，臺灣省政府會同各縣市政府及農復會等機關組成「臺灣省手工業推廣委員會」，開始籌劃手工業生產推廣事宜，一九五四年之後，手工業品之輸出金額才有正式之統計數字 （呂明燦，2007；12）。同年，顏水龍受政府委託於南投縣草屯鎮設立「南投縣工藝研究班」，以培育工藝專才為主，招收各縣市青年，由專家擔任訓練工作，學員畢業後投入各縣市擔任手工業推廣工作（楊裕富，2008；57）。

　　一九五六年在美援及聯合國資助下，於臺北市徐州路設立的「財團法人臺灣手工業推廣中心」，以手工業品之開發、輔導與推廣工作為主，並設立行銷部門中華工藝館，至今中華工藝館仍是國外觀光客購買臺灣工藝品的重要據點。同年省政府建設廳開始每年編列辦理手工藝訓練之預算，積極在各地培育各類手工藝生產技術人才，為工藝產業奠定人才與技術的基礎。一九五七年，臺灣手工業推廣中心以四大任務展開工作：（1）改良及增加手工業品之生產、（2）發展手工業之國外市場、（3）促進手工業之原料充分利用、（4）提供生產者技術協助及訓練（中國手工業創刊號，1957：5）。於是同年中美兩國政府合聘萊特技術顧問團[2]來臺，其主要目的是為臺灣工藝打開美國市場，

2萊特技術顧問團是由美國羅素萊特公司派遣來臺協助推動手工業的技術團，來臺期間

當時主要的外銷產品有竹竿、竹蓆、竹葉、竹筷、竹簾、竹簍等。

一九五九年，南投縣政府以工藝研究為基礎，將「南投縣工藝研究班」改制「南投縣工藝研習所」，培育木工、竹工、編織等生產技術人才。一九六○年，政府為鼓勵民間投資與發展，公布「獎勵投資條例」法規；一九七二年，謝東閔倡導「客廳即工廠」措施，以外銷為導向的手工業品迅速成長，手工業發展於此時期形成風潮。

同年公布「臺灣省手工業輔導辦法」，為手工業推廣之最初法令依據。一九七三年，「南投縣工藝研習所」提昇改制成「臺灣省手工業研究所」，隸屬於臺灣省政府建設廳，以協助產業界產品開發與技術輔導為務；一九九九年更名為「國立臺灣工藝研究所」，隸屬於行政院文化建設委員會 （簡稱文建會），其業務轉以提昇臺灣整體工藝產業能量為主；二○一○年一月二日改制為「國立臺灣工藝研究發展中心」（簡稱工藝中心），以推動臺灣工藝現代化創意產業發展及工藝文化美學推廣為主，亦是促進臺灣工藝產業發展唯一的公部門。

為一九五七至一九六○年，其組織有經理一人，負責行銷；下有技術主任一人，並編制了編織組、竹細工組、漂染組及研究設計組，在竹細工方面曾邀請日本飯塚成年來輔導竹細工的計畫。工作計畫有十一項：（1）打開美國市場，與美國各大百貨公司和手工品經銷商合作、（2）發掘臺灣特產的原料，發展特色工藝，如林投葉、藺草、月桃、蛇木、瓊蔴、苧蔴、香蕉絲、檜木絲、菊花木、樟木、竹和藤等製造適合美國市場的工藝品、（3）利用富有中國傳統文化、色彩和圖案製造工藝品、（4）推動生產的計畫有纖維編織、竹細工、剪紙、帽蓆、地毯、餐墊、窗簾、草鞋、籃子、蛇木、琉璃磚、漆器、鋁器、觀光紀念品、甘蔗板和均質木板等、（5）訓練大量的技術工人、（6）輔導各鄉村的業者增產工作、（7）改良編織機器、（8）輔導漂染及配色，以因應市場需求、（9）樣品製作寄至美國，以測試市場、（10）每年外銷一千萬美元的目標，擬定發展計畫、（11）推廣臺灣手工業，以解決市場就業問題。資料來源：R. Petterson撰，華陵摘譯：〈萊特技術顧問團與發展臺灣手工業〉，《中國手工業創刊號》，1957年。

（二）「易³」（Yii）品牌計畫

「易」（Yii）品牌計畫是工藝產業發展計畫的行動方案，自二〇〇五年由臺灣工藝研究中心與臺灣創意設計中心共同策劃與執行的跨界合作案，結合工藝家與設計師組成工藝時尚團隊。此團隊冀望設計研發與工藝技術的交流能為傳統產業挹注創新因子，讓擁有精湛技術的工藝家利用在地材料，以工藝精品的路線，重新發掘傳統產業潛在能量，並尋找新的行銷策略。

企畫之初研議如何將臺灣的「易」品牌帶入國際市場，並引發其對臺灣工藝的興趣？這個問題的解決方式是邀請具國際知名度的工業設計師 Konstantin Grcic 擔任品牌代言人。「易」參加二〇〇八年秋季法國巴黎家具家飾展（Maison et Objet），30組作品包括有竹電扇、竹電腦背包、竹眼鏡、木象棋、燈具、家具、餐具等生活系列，五天展期（2008年9月5日至9日）促成十六個合作案和五個邀請展。

自二〇〇五年至二〇一五年四月止，「易」的產品陸續研發，也逐年參加巴黎、米蘭以及東京的家具家飾展。透過公部門研發與媒合的「易」品牌，其是否能接單？是否能量產？是否能販售？長期以來在文創法尚無具體說明與規範。二〇一五年四月二十九日在臺灣文創博覽會，阿聯酋阿布達比投資局（Abu Dhabi Investment Authority，簡稱 ADIA）表示願意投資「易」。透過國外資金挹注，進而行銷國

---

3 「易」（yii）的原意取自中國《易經》的「易」字。東漢鄭玄《易論》認為「易一名而含三義：易簡一也；變易二也；不易三也。」這句話總括了易的三種意思：「簡易」、「變易」和「恆常不變」。即是說宇宙事物存在的狀態有（1）順乎自然的，表現出易和簡兩種性質；（2）時時在變易之中；（3）保持一種恆常。如《詩經》所說「日就月將」或「如月之恆，如日之升」，日月的運行表現出一種非人為的自然，這是簡易；其位置、形狀卻又時時變化，這是變易；然而總是東方出、西方落這是「不易」。

際市場的品牌策略，是否為臺灣的文化創意品牌唯一能發展的路徑？
這個疑問將導向在國家文創政策、文創法規制訂、公部門執行績效等
面向需要被整體性盤點與檢討。

三　研究方法

　　本研究以文獻分析、深入訪談等研究方法，探討兩個不同層級公
部門在竹工藝傳習上的作法。工藝中心是引導臺灣工藝產業發展的一
級單位，而竹山鎮是竹工藝產業發展重鎮，其鎮公所與竹山高中擔負
著階段性在地竹產業人才供應與培育的責任。深入訪談代號為 B 代表
公部門職員、P 代表竹山高中教師、C 代表竹工藝學員。

四　研究發現

（一）工藝中心的竹藝傳習

1 竹山郡竹材工藝傳習所（1938-1946）奠定竹工藝學習機制

　　日本對臺統治是先軍後商，在殖產興業的在地資源開發下，雖是
以掠奪臺灣資源為目的，但間接為臺灣加工產業奠定基礎，不論是技
術更新、新產品設計，甚至是產業的經營管理等方面（翁徐得等，
1998：75）。一九三八年（昭和13年）日本人已在竹山開辦「竹山郡
竹材工藝傳習所（簡稱傳習所）」，設立緣由為改善竹工藝品製作技
術，以提昇產品品質。日治之前，臺灣人製作竹產品的技藝是沿襲自
大陸（尤其是福建），竹產品多是以方便生活上或農作時的用具為
主，製法粗糙。傳習所設立的主要目的是竹材利用、竹編技術提昇及
人才培育，為竹山竹工藝開發之先驅（黃世輝等，1999：5）。

　　在竹工藝品開發上，除善用竹山生產的桂竹外，加上具藝術性的創作，提昇了竹工藝品的精緻性及價值性，此時期開發的產品以生活日用品為主，如洗米籃、字紙簍、飯碗籃、米籮、味噌籃及各式花籃（ibid, 6），只可惜這些精緻化且有質感的竹工藝品多數外銷日本，少在臺灣社會的生活中被使用，造成竹工藝品僅是戰後時期改善臺灣經濟條件的手段，而臺灣人以「拚經濟」忙著改善生活的狀況下，喪失藉由工藝美涵養生活美的機會。

　　傳習所從一九三八年至一九四六年，前後共招收八屆學生，招收國小畢業的學生，學制相當於國中，前三屆為三年制學程，第四至七屆為二年制，第八屆因經費問題，只舉辦一年。因學員每月固定補助伙食及零用金、提供住宿，且畢業後可取得高等科學歷，在農村經濟普遍不佳之際，願意入學的學生每屆都維持在二十至三十人。

　　當年來臺的日籍教師有：池田信一教授細篾編織、土居國太郎教授亂編法及伊藤教授編織等。後來的二神除了教授粗獷竹篾技法外，與宮田加入部分竹家具的製作教學（引自連奕晴，2006：48，黃塗山口述）。竹山竹工藝之編織與竹家具製作所奠定的人才基礎，除了推動竹山竹產業發展，改善農村經濟外，也成為戰後時期南投舉辦工藝研習會、工藝專修班及工藝研究班等的專業技術師資，如第二屆學員黃塗山於一九五三年受聘到嘉義工藝專修班擔任竹編織教學工作，這也是黃塗山踏上竹藝教學的第一站。

　　傳習所學員在竹藝的發展有：張真經為鹿谷人，是竹山郡竹材工藝傳習所特科生，當年學成後留在所內擔任助手、講師長達十三年，之後與家人成立竹細工廠，共同創作竹工藝品，以分工合作方式完成作品，如男生負責選竹、劈竹，女生負責編織，又編織的成形、收口、塗裝等工序為專人專責進行，為開發市場，至觀光地區販賣，後來以外銷為主。林獻猷為鹿谷小半天人，是竹山郡竹材工藝傳習所第

一屆學員，一九五九至一九九四年在木柵試驗中心擔任竹編技術員，也曾隨農技團到非洲教導當地居民運用竹材編織生活器物（翁徐得等，1998：141-42）。

張清波為竹山人，是竹山郡竹材工藝傳習所第二屆學員，當年學成後留任助教、講師，直到傳習所停止招生為止。吳聖宗為竹山人，是竹山郡竹材工藝傳習所第二屆學員，年輕時為家計，嘗試將竹藝作品轉向創作型發展，並開發觀光旅遊地區的紀念品及都會區百貨公司寄賣等通路，中年後熱衷於竹藝編織創作。曾紹禎為竹山人，是竹山郡竹材工藝傳習所第三屆學員，學成後在家務農並編織行李箱貼補家用，曾到鹿港訓練所擔任訓練師。莫永崇為竹山人，是竹山郡竹材工藝傳習所第七屆學員，為追求竹藝技術精進，傳習所之後又參加南投縣特產工藝研究班，一九六〇年任臺灣手工業推廣中心技術員，一九六二至一九六四年調派桃園八德鄉民生建設實驗區竹工訓練班教師，一九六四至一九七四年調派關廟實驗工廠任負責人，之後任教於臺南家政專科學校（今更名為臺南應用科技大學）美工科。黃如窗為竹山人，是竹山郡竹材工藝傳習所第六屆學員，學成後在家務農並編織行李箱貼補家用，曾到國中工藝課教授竹編，也到木柵試驗中心擔任竹器的設計與試驗，創立富山竹工廠開發生活竹器，退休後以創作為主（ibid, 143-47）。

由上述可知，傳習所學員在戰後的發展約分為三類：第一類為畢業後在家務農，之後可能轉行，沒有往竹藝發展；第二類為竹編技術的推廣者，於各地的研習班進行竹編教學工作，如黃塗山到嘉義及關廟、曾紹禎到鹿港、黃如窗到花蓮等；也有到推廣中心試驗所從事產品開發與樣品打樣之工作，如林獻猷、黃滿、王天作等到木柵試驗中心；第三類為從事竹工藝品生產業者，如劉福縣從事竹蓆生產、王天作從事竹旋切版加工、黃如窗從事竹器開發等，竹山地區的竹工藝產業於是逐漸成為竹器生產的專業區。

2 南投縣三次工藝研習會（1952-1953）找尋各類工藝產業發展契機

　　戰後為臺灣農業迅速發展時期，生活及農作的竹工藝品需求大。除此之外，南投縣政府希望利用縣內山林的自然資源，於是工商課的曹天懷課長積極爭取中國農村復興聯合委員會（簡稱農復會）的四期經建計畫——農村副業補助，用來增加經濟收益以厚植民生。於是在一九五二至一九五三年間舉辦三次工藝研習會，推廣南投縣的工藝訓練活動。

　　一九五一年顏水龍被聘為省政府建設廳技術顧問，負責輔導及推行手工業同時，評估南投縣自然資源豐富，如竹林、木材、麻、籐及月桃等，且日治時期竹山已有竹編基礎等因素，於是在南投舉辦三次工藝研習會（莊素娥，1992）。當時南投縣第一任縣長李國禎聘請顏水龍與王清霜共同籌備規畫，三次工藝研習會每期招收三十名學員，其研習會名稱、研習科別、舉行期間、地點及成果等皆不相同，分述如下：

　　第一次「南投縣特產工藝指導員講習會」：一九五二年四月在南投公會堂舉行為期一個月的工藝訓練，科別有竹細、籐細、陶瓷、雕刻等。第二次「南投縣特產工藝專修班」：一九五二年十一月在竹山公會堂舉行為期二個月的訓練，訓練科別除了第一次的竹細、籐細外，增加了竹家具及木器等科別，由訓練科別可知，在竹山舉辦竹編織及竹家具的訓練，希望能延續傳習所當年竹藝傳習的精神。此次的訓練舉辦了竹籐工藝業績展示，因成效顯著，引起農復會的注意，進而將研習會列為補助對象（顏水龍，1978）。第三次「南投縣特產工藝研究班」：一九五三年四月在草屯（國立臺灣工藝研究發展中心現址）舉行為期四個月的訓練，訓練科別除了結集第一、二次的竹細、

籐細、木器、陶器、雕刻外，增加了編織及木車床，工藝研究班希望所有工藝技術都能夠開班授課，而且是理論與實務並用的學習。

> 我大部分是教畫圖、設計、色彩的配色等理論方面的課
> 程，……成立這些科別的目的是希望只要是工藝方面的技術都
> 能盡量開班訓練。（引自連奕晴，2006：53，王清霜口述。）

三次工藝研習會的成果：三次工藝研習會的科別成為之後「南投工藝研究班」的科別參考，並受到農復會補助木工及竹工等相關機械設備。當時的作品亦曾參與憲政施政成果展及到日本展出。

3 南投縣工藝研究班（1954-1959）為戰後臺灣工藝人才培育唯一機構及設立合作社體驗市場經濟，並引進人才進入工藝產業服務

經過傳習所（1938-1946）及三次工藝研習會（1952-1953）的經驗，「南投縣工藝研究班」於一九五四年成立，由顏水龍擔任班主任，並與王清霜、蘇茂申共同設計課程。同年八月開始招收自國小或國中畢業的學生，年滿十七歲以上男女新生。學生依志願分發到不同的科別，設立時共有七個科別，有竹工、籐工、木工、車床、陶瓷、編織、雕刻等。課程內容主要有技術實務與設計觀念引導，研究班以培養工藝人才進入產業為其要務之一。可知理論與實務並重的德國包浩斯教學模式，是工藝中心從工藝研習所時期，就已奠定的竹工藝人才培育模式（黃世輝等，1999：14-16）。

竹工科第一屆教師為黃塗山，教學三年後離開，之後由黃滿與羅良先後擔任教師，黃滿為傳習所開班前的特科學生，羅良為傳習所第四屆學員。第一屆學員李榮烈在研究班學習三年後成為正式指導員，擔任之後的教學工作直到研究班改制為研習所。因此南投縣工藝研究

班竹工師資有：黃塗山、黃滿、羅良、李榮烈、林清智。竹工科歷屆學員有：李榮烈、李六樹、林清智、李正一、李聰藤、黃哲明、謝世雄、翁國村、謝勇川等，其中李榮烈與林清智是由學員升為指導員。經過竹工科訓練的學員，在竹工藝發展上有其不錯的成果，如李榮烈為竹編薪傳獎得主、李六樹從事竹劍機器研究、李聰藤製作竹編咖啡盤外銷等。

一九五五年設立的「南投工藝品產銷合作社」，顏水龍的初衷有二，其一是希望讓學生能有從產品生產到市場銷售的完整學習經驗，作為改進產品，探測市場需求及未來發展的參考；二是開源，因為訓練經費由公部門支出非長久之計，希望藉由產品銷售所得來支付部分材料費、業務費，並將剩餘金額分配給學生當生活費（黃世輝等，1999：16）。雖然南投工藝品產銷合作社在販賣產品時遇到一些問題，如因研究班以技藝教學為主，工廠和設備皆有限，大量訂單無法承接，僅以小額訂單為主。但是它達到了讓學員體驗以設計圖施作、產品品質自我要求、及師生互動學習及研究的價值。

> 產銷合作社成立之後，老師們要自己找學生做，新樣式也自己作開發研究，學生如有做出成品，也給他們薪水，材料就自己買。什麼都可以做，信箱、花器、盤子都有，我們自己推銷，自己教學生做竹編比別科好，材料大宗也比較省錢，錢大部分都花在工資上……。（引自連奕晴，2006：78，黃塗山口述。）

4 南投縣工藝研習所（1959-1973）容納更多元工藝學習者，教師承擔R&D新任務

南投縣工藝研習所是由南投縣工藝研究班於一九五九年七月改制

而成，隸屬於南投縣政府，招收學生分初級生、高級生及研習生三種，培育的工藝人才主要是編織、竹工及籐工。其曾與縣府合作開辦建教班，或與省四健會合辦技能訓練班，可知研習所在培育工藝人才的作法上，更廣泛地容納多元的工藝學習者。而開發新產品、輔導廠商、撰寫研究報告，及生產、設計、買賣等都是教師在教授技藝的同時，被賦予的新任務，可知研習所已具工藝R&D的初步規模（黃世輝等，1998：22）。

南投因盛產竹子，順應在地取材的製作思維，竹工藝人才長期以來是工藝技藝人才培育的重點工作。從傳習所、三次工藝研習會、南投工藝研究班、南投工藝研習所到臺灣省手工業研究所之人才培育所累積的人力和研發等軟實力，為竹工藝產業注入能量，尤其是黃塗山在一九六四年重新回到研習所到一九九一年退休的十七年又八個月的歲月中，除了傳授竹編技藝外，更負責竹材技術試驗、廠商輔導、產品製作等。直到現在竹工坊依舊隨時服務廠商，關於技術開發與製作等專業問題。

> 每天都有廠商電話，任何竹工藝疑問都有，這樣的免費諮詢一
> 年應該有好幾百通。（訪談 B02，訪談日期：2011年8月12日）

5 臺灣省手工業研究所（1973-1999）著重產品開發與技術研發輔導廠商

一九七三年臺灣省手工業研究所成立，除了持續工藝的人才培育之外，對手工業廠商的輔導成為工作要務之一，黃塗山因在竹藝方面累積多年的經驗，學員學成之後，也都投入竹藝產業，因此與工廠熟絡，遇到新產品試作、加工方式改進時，都與學員、工廠有良好的配

合默契，當時加工方式試驗有旋切版加工、碳化處理、竹材防裂開、機械之利用與改進等。新品設計有旋切版利用、張開機利用、屏風製作、咖啡盤、筆筒、各式裝盛用的竹盤、竹盒等日常用品（整理自民族藝師黃塗山竹藝生命史自序，1999：IX）。

　　臺灣省手工業研究所在竹工藝品研究發展的內容有（翁徐得，1998：43-57）：

　　　　一九七九年出版竹編概要，內容包含竹工藝之選材、處理、劈法等要領、二十七種竹篾基本編法，設計開發十三件產品，並編印英文版，供海外技藝訓練之教材。

　　　　一九八一年層積竹工藝品之開發研究。

　　　　一九八七年竹籐產品開發。

　　　　一九八九至一九九一年竹木漆新產品開發。

　　　　一九九一年聚乙二醇對孟宗竹之防裂效果測試，及竹材室內用產品開發。

　　　　一九九三至一九九六年獲行政院農委會的資助，嘗試應用竹材從事景觀造型的研究開發（呂明燦，2000：25）。

　　　　一九九五年層積竹材家用品（餐桌椅、盤類、盒類、沙發桌）開發，及竹材工藝在插花容器上之應用。

6 黃塗山竹藝傳授桃李滿竹山，退休後精益求精，創造新竹編技法

　　黃塗山退休後，仍持續從事竹編教學，如工藝中心暑期手工藝技藝研習（退休至今）、竹山高中竹材利用與技藝傳承計畫竹編講師（1993-98年）、臺灣省原住民行政局技藝研習中心籐編訓練班講師

（1996年、1999年）、國立傳統藝術中心與竹山鎮公所合辦的竹藝編織傳習計畫講師（1997-2000年）及國立雲林科技大學文化資產維護系教授級技術教師（2003年至今）等。

黃塗山教學之餘，嘗試更多竹編的技法，如一九九九年嘗試收口時採不規則輪口編法；二〇〇〇年嘗試看不出從哪開始製作的不規則起底法；創造不規則轉折六角編法；運用兩種不同編法，穿插編製等（黃世輝，2010：79-82）。黃塗山對竹編技藝精益求精的精神，影響著喜愛竹編的創作者對自身技藝的要求。

> 因為學竹編，進而懂竹編，甚至愛竹編，那是因為黃老師在竹編作品的技術上、塑形上能盡情發揮，隨心所欲的表現，讓我感受到竹的另一個世界之美。學習了老師認真態度與創新思維，目前自己嘗試著在商品上應用竹編進行竹材研發⋯⋯（引自黃世輝，2010：103，訪談林群涵記錄）。

7 「Bamboo」竹藝研究會提昇竹工藝原創力、行銷力及統整力

二〇〇八年成立的「Bamboo」竹藝研究會，主要成員是歷年參與工藝中心竹工坊培訓之學員及幾位竹藝業者組成，會員在工藝中心扶植下，藉由研究會成立，推動及統合不同竹工藝領域的專長，研究會成立的目標是以竹工藝的研究、創作、行銷、傳承為宗旨。一個月平均互相討論一至二次，二〇〇九至二〇一〇年以竹燈具產品創新開發為主題，每一件作品都是學員們與老師從草稿階段一步一步逐漸地修改討論出來的，除強調作品原創性外，透過相互討論與學習，學員在竹工藝的統整力提昇。藉由不同展覽，也訓練學員接收訂單的能力。竹藝研究會將喜愛竹工藝創作者匯聚，運用主題式創作，提昇竹工藝的研究、創作、行銷、傳承等能量。

竹藝研究會主要成員是竹工坊學員，二〇〇九至二〇一〇年由
唐草設計胡宗佑帶領大家，兩年來開發的產品都是學員和老師
慢慢討論的，當然作品還有許多可以改善和努力的空間，但其
原創性是值得肯定的……臺北、高雄、上海都有展過，希望學員
也能學習訂單的處理。（訪談 B02，訪談日期：2011年8月12日）

（二）竹山鎮竹藝傳習

1 竹山高中美工科為孕育竹工藝人才的培養皿

臺灣在農業時期為發展農村經濟，竹山高中於一九七四年將家事
科改為美術工藝科（簡稱美工科），美工科設有竹木工藝（竹雕、竹
家具等）及編織（竹編、籐編及編結等）課程。直到二〇〇〇年學校
改制為竹山綜合高中之後，美工科改為美工學程，竹木工藝及編織都
有繼續上課。補校也於一九八三年至一九九九年增設實用技能班竹木
工藝科。但受到升學導向、就業學生少及學生學習習性等因素改變影
響，學生選擇在冷氣房學電腦繪圖，而放棄在工廠學習竹工藝。

以前學生升學的很少，只有前幾名的學生會繼續升學，但現在
幾乎是全部升學，又竹家具製作是在工廠裡留著汗敲敲打打，
學生漸漸選擇可以吹冷氣又不用流汗的電腦繪圖……（訪談
P03，訪談日期：2011年8月11日）

竹山高中美工科學生，畢業之後從事竹工藝產業者有陳靖賦、葉
基祥、林世勳、金紀鈞、錢宗志、余偉智、李宏偉等。陳靖賦成立青
竹文化園區，葉基祥、錢宗志、余偉智成立個人工坊。擔任農委會農
技團至中南美洲服務的有美工科賴進益老師及林世勳、金紀鈞、陳俊
傑、李宏偉等。

2 用不同公部門的補助計畫，竹山鎮恢復日治時期傳習所的竹工藝傳習

　　行政院農委會推展跨世紀農業建設方案，委託竹山高中美工科執行有關竹材利用與技藝傳承計畫，從一九九三至一九九八年，為期五年。此計畫重點是竹編、竹家具、竹雕人才的培訓，如竹家具訓練班、竹編工藝傳承班及竹材工藝傳承班等，陳高明、蘇素任、林群涵等即是從此傳承班學習竹材技術，除了日後成立工坊從事竹藝創作外，更是「易」品牌在竹產品開發的工藝家。

　　竹山自一九九七年開始竹工藝人才培育計畫，至二〇一四年已執行十八年，累積超過六百人次的學習者，其學習效益主要是參與各項竹工藝競賽與展示，如臺中市大墩美展等，以在地深耕竹編技術及對外推廣竹工藝的文化知識為目的。一九九七年竹山鎮公所獲國立傳統藝術中心籌備處補助，辦理竹藝編織傳習計畫開始，為期三年，研習地點在社寮社區活動中心。二〇〇〇年開始配合文建會地方文化館經營與文化傳承，由竹山地方文化館舉辦竹工藝傳承計畫至今。

> 　　一九九七年的竹編技藝傳承計畫為期三年，當年的地點在社寮里，但因學習人數愈來愈多，因此從二〇〇〇年開始由竹山地方文化館承接此計畫至今。竹編班數由一班增為兩班，分成基礎班和進階班。……竹編技藝學習效益長期以來僅限於參加相關競賽及展示，無法為地方產業帶來實質的經濟效益，但希望透過技藝學習讓竹藝的精神與文化流傳下來。參加比賽對學習有很大的動力，文化館這邊將會一直推廣下去。」（訪談B01，訪談日期：2010年6月23日）

二〇一一年的竹工藝傳習，由竹文化園區及財政部臺灣省中區國稅局竹山稽徵所共同舉辦竹藝創作開發研習班，為期三個月，每週上課六小時。研習班共有三個班，分別是竹工藝創作開發編織研習班（進階班）實用竹編織創作基礎研習班（初級班）及竹家具製作研習班。研習課程結束之後，將舉辦競賽與展覽活動，並印製紀念刊物，以作為技藝傳承資料。雖然竹工藝技藝傳承在地方產業上尚未帶來實質的經濟效益，但彌補了竹工藝產業長期以來在竹文化紮根方面的不足。竹子對竹山而言不僅僅是產業的原料，透過長期的文化知識積累，竹山蘊含豐富的竹文化資本。

職訓局不定期在竹山舉辦竹家具製作班，也為竹山帶來技藝傳習機會並發掘在地人才。職訓局竹家具製作班一次為期約二至三個月，選擇的社區地點不一定，如二〇〇〇年在延祥社區舉辦，二〇一〇年改在延和社區舉辦。

我是在九二一那一年學的，因為聽說延祥社區有在教竹家具，我就去學，竹山老師傅真的很厲害，⋯⋯我是向林水樹老師學的，可惜老師傅已經不在了。（訪談C01，訪談日期：2011年8月11日）

（三）工藝中心竹工坊與竹山鎮竹藝傳習課程比較

1 竹工坊研習課程

竹工坊以前稱為竹工科，一九九九年臺灣省手工業研究所更名為國立臺灣工藝研究所，竹工科亦更名為竹工坊。竹工坊歷年的人才培訓，以竹編的傳承為重點外，也開設竹材工藝景觀、竹管家具製作等研習課程。由表一可知，竹編人才培育曾開設長達六個月課程，每天上課八小時，是培訓課程最長的班別，透過此課程學習的學員，都持續竹編創作。

在竹山高中辦五年，但不像草屯培育人才的六個月來得有效
率，因為手工所的六個月都天天在學，那六個月訓練的學生，
目前幾乎每一位都還在做竹編。（引自黃世輝，2010：15，黃
塗山訪談內容）

竹材工藝景觀及竹管家具製作並非每一年都有開課，如二〇〇六
年及二〇〇七年是竹複合媒材開發，結合工藝中心其他工坊，一起開
發複合媒材產品。二〇〇八年是竹蒸籠製作，以技術保存及創意商品
開發的理念，記錄保存竹蒸籠製作技術外，也開發文化創意商品，同
時添增更替竹工坊機具設備。二〇一〇年是開設竹材工藝景觀研習。
二〇一一年以設計工作營方式，與國外設計師媒合，開發竹工藝產
品，這是竹工坊的新嘗試，主要目的是將臺灣竹子的特質推廣出來，
媒合是一個試驗階段。二〇一四至二〇一五年竹片彎曲技術暨產品開
發人才培育研習班。

有些國外設計師是沒有看過竹子的，因為他的國家沒有產竹，
所以對竹是天馬行空的想像，在竹產品的設計與實際製作，還
有一些距離……未來還是要重視開辦研習課程與產品研發……
（訪談 B02，訪談日期：2011年8月12日）

竹工坊的研習秉持理論與實務並用的包浩斯模式，讓有基礎技藝
的學員，除了持續技藝學習外，同時接觸與設計、行銷、創作等專業
知識，建立竹藝工作者市場概念。

我在竹山學會竹家具製作之後，二〇〇一年到工藝所學習竹家
具的主要原因是它有一半的課程是不同教授上理論的課，有設

計、行銷、創作，這是沒有接觸過的，讓我有新觀念。（訪談
C01，訪談日期：2011年8月11日）

2 竹山鎮公所研習課程

竹山鎮公所竹藝研習課程自一九九七年開辦，至今未中斷，以竹
編、竹管家具及竹雕三類別為主，竹編因學習者多，開設進階班及基
礎班兩班，竹雕近年學習者減少，有開班不成的狀況。研習班每年開
班時間固定，竹編進階班成員又為學習多年的老學員，每年在固定時
間相聚一起學習竹編已經成為習慣。

表一　工藝中心竹工坊與竹山鎮公所竹工藝研習課程比較表

機構名稱	年份	課程名稱	培訓期程	對象／人數
臺灣省手工業研究所	1973-1999年	寒暑期技藝訓練班	・暑期班2期（有5週與2週）・寒假班1期2週	大專生、業者、工藝教師、工藝作者／12-15人
		長期竹編人才培訓班	6個月	社會人士／9人
		竹材工藝景觀技藝研習班	・1期5週・1期4天	庭園及工藝景觀業者
國立臺灣工藝研究發展中心（工藝研究所）	1999年至今	竹編暑期人才培訓竹管家具研習班	・1期5-6週・1期30日	大專生、業者、工藝教師、工藝作者／15-20人
竹山鎮公所	1997年至今	竹工藝編織進階班	3個月（70小時）	竹編創作者、竹藝愛好者／30-50人
		竹編織傳習初級班		
		竹雕刻技法傳習班（2011年無開班）		

機構名稱	年份	課程名稱	培訓期程	對象／人數
		竹家具基礎製作研習班		

註：工藝中心研習課程每日上課以八小時計。

資料來源：本研究整理自林秀鳳：〈竹跡傳承藝意非凡〉，2005年第6期，及竹文化園區網站：http://culture.chushang.gov.tw/MySite/wSite/ct?xItem=3154&ctNode=236&mp=1，查詢日期：2011/07/02。

3 竹工藝教育培養竹工藝產業人才，並奠定竹工藝家創作竹工藝美術品的基礎

竹山郡竹材工藝傳習所（1938-1946年）學員學習竹藝之後，在竹工藝的發展有：成為竹編技術的推廣者，於各地的研習班進行竹編教學工作，如黃塗山到嘉義及關廟、曾紹禎到鹿港、黃如窗到花蓮等；也有到推廣中心試驗所從事產品開發與樣品打樣之工作，如林獻猷、黃滿、王天作等到木柵試驗中心；或從事竹工藝品生產業者，如劉福縣從事竹蓆生產、王天作從事竹旋切版加工、黃如窗從事竹器開發等。

南投工藝研究班（1954-1959年）竹工科學員，在竹工藝發展上有其不錯的成果，如李六樹從事竹劍機器研究、李聰藤製作竹編咖啡盤外銷等。南投工藝研習所（1959-1973年）已具工藝R＆D的初步規模，在培育工藝人才的作法上更多元化，如開發新產品、輔導廠商、撰寫研究報告，及生產、設計、買賣等都是教師在教授技藝的同時，被賦予的新任務。

竹山鎮公所運用不同公部門的補助計畫，恢復日治時期傳習所的竹工藝傳習，如一九九三至一九九八年，為期五年的農委會竹材利用與技藝傳承計畫；以及自一九九七年開始竹工藝人才培育計畫，至二

○一四年已執行十八年，以竹編、竹管家具及竹雕三類別為主，竹編因學習者多，開設進階班及基礎班兩班。

五　結論與建議

本研究以文獻分析、深入訪談等研究方法，探討國立臺灣工藝研究發展中心與竹山鎮公所在竹工藝人才培育的歷程與分析，以回應當今文化創意時期，傳統竹工藝面對微型化與轉型之際，其竹工藝技藝人才的傳承與培育。分析公部門對竹工藝政策與推動內容有：

一、一九三八至一九四六年期間，日籍工藝家來臺傳授竹細工，除了奠定臺灣竹工藝人才的技藝外，並傳達工藝的生活美。

二、一九四六至一九七三年期間，透過顏水龍辦理手工業田野調查與講習會，南投縣工藝專修班（1952年）、南投縣工藝研究班（1954-59年）與南投縣工藝研習所（1959-73年）的竹工藝課程，此時期以培育工藝產業人才為主。

三、一九七三至一九九九年期間，臺灣省手工業研究所除了培育工藝人才外，增加協助產業界產品開發與技術輔導任務。

四、一九七四至二○○○年竹山高中美工科設立期間，以培育竹工藝產業人才為主，但隨著傳統竹產業沒落、產業型態轉型，以及教育體制改革，美工科以教授設計相關的知識與技術為主。

五、一九九七年至今期間，雖然竹產業已經蕭條，但竹山鎮公所堅持竹工藝技藝傳承的文化價值，舉辦竹工藝人才培育計畫至今已歷經十八年。

六、一九九九年國立臺灣工藝研究所以提升工藝產業能量為核心，二○○五年將工藝技藝與設計專業媒合，成立「Yii」品牌，以進入國際性商場行銷為目的；二○○八年成立竹藝研究會，主要是以

竹山竹工藝產業的第二代接班人為對象，媒合設計師進行文化創意人才培育。

七、二〇一〇年國立臺灣工藝研究發展中心除了以推動臺灣工藝現代化創意產業及工藝美學推廣為核心外，也延續竹材技術開發與人才培育工作，並強調與設計專業的媒合與試驗，開發竹文化創意產品。

又透過臺灣竹工藝產業發展歷程的梳理，彙整其竹工藝人才培育的三個時期，分述如下：

一、一九三八至一九四六年為基礎期，因日籍竹工藝家來竹山教授細竹工技藝奠定了人才資料庫，而成為日後竹產業發展的主要基礎。

二、一九四六至一九九九年為發展期，工藝中心大量辦理竹產業人才培育課程，並因應一九六〇至一九八〇年代產業迅速地發展對人才的需求；又一九七四年竹山高中成立美工科，以培育竹工藝產業人才為主，是中等教育裡以培育在地特色產業人才的學校。除此之外，一九八七年以後竹山鎮雖面臨竹工藝產業外移或微型化，但竹山鎮公所堅持竹工藝技藝傳承的文化價值，長期舉辦竹工藝人才培育計畫。

三、一九九九年至今為文創期，此時期最大特色是工藝技藝與設計專業的媒合與試驗，成立「易」（Yii）品牌的國際性行銷計畫，以及成立「Bamboo」竹藝研究會企圖讓竹工藝產業的第二代接班人與設計師合作，進行文化創意產品研發。

研究發現工藝中心的竹工藝人才培育隨著產業發展與轉型，其培育的課程除了技藝傳承外，著重在產品開發、竹材應用、技術研發、品牌行銷等不同策略的應用，以協助產業提升能量為目的。而竹山高中與竹山鎮公所為竹山的竹工藝產業分別培育不同時期的人才需求，竹山高中著重在當代竹產業人才供應；鎮公所則以不斷地技藝傳承為策略，儼然形成地域性工藝人才與技藝在傳承上的永續循環。

參考文獻

呂明燦　臺灣工藝發展源流工藝有夢——臺灣工藝版圖的過去、現在
　　　　與展望　南投縣：國立臺灣工藝研究所　2006年　頁7-20

連奕晴　1950-70年代「南投工藝研究班」的工藝人才培育模式及其
　　　　影響之探討　雲林縣：國立雲林科技大學工業設計系碩士班
　　　　（未出版論文）　2006年

黃世輝、高宜淓　臺灣工藝產業再發展與轉型之研究科技學刊　雲林
　　　　縣：國立雲林科技大學19卷1期　頁49-58　2010年4月

黃世輝、林秀鳳、陳新布、陳玉英　民族藝師黃塗山竹藝生命史　南
　　　　投縣：財團法人社寮文教基金會　1999年

黃世輝、林文龍、林秀鳳、陸蕙萍　竹藝竹情在竹山——竹山地區竹
　　　　開發三百年史　南投縣：竹山鎮公所　1999年

黃世輝　手腦與心思都柔韌的竹藝師黃塗山頂真巧藝：國家指定重要
　　　　傳統藝師特展210　臺中市：行政院文化建設委員會文化資
　　　　產總管理籌備處　2010年　頁96-107

楊裕富　以國家政策探討臺灣工藝發展史　97年度行政院國家科學委
　　　　員會專題研究計畫成果報告（計畫編號：NSC-96-2411-H-
　　　　224-003）　2008年

翁徐得、陳泰松、黃世輝、林美臣、林秀鳳、王國裕　竹山地區工藝
　　　　資源之調查與工藝產業振興對策之研究——竹藝工廠・竹藝
　　　　工坊・竹藝景觀篇　南投縣：臺灣省手工業研究所　1998年

翁徐得　等臺灣省手工業研究所所志　南投縣：臺灣省手工業研究所
　　　　1998年

臺灣手工業推廣中心　中國手工業創刊號　中國手工業月刊社　1957年

「飛」入尋常百姓家：華人社會領導航空品牌再造之路

——以華航為例

柳婉郁、邱乙凡、鍾雅筑、張璨云、孫健豪、莊家萌*

摘要

　　傳統航空運輸業因應高油價與眾多廉價航空，以及日益增加的操作成本及產品價格，相互競爭下反而降低了利潤。由於航空公司係屬服務業，對於顧客的意見相當重視且對於整體顧客滿意度的提昇顯得相形重要。為了讓企業更加貼近顧客，進而培養顧客忠誠度，航空公司必須建立良好的品牌形象，使顧客能增加購買意願與再購意願。除了藉由良好的品牌形象守住既有的顧客群外，在其他待開發的顧客群中增加購買意願，將是航空公司未來引以為重的首要問題。本研究以以中華航空為例，探討旅客對中華航空品牌之「品牌形象」、「品牌價值」與「體驗感受」之看法與其影響因素。本研究透過網路發放問卷對有搭乘中華航空經驗之旅客進行調查與統計分析。資料分析工具包括信度分析、敘述統計分析、獨立樣本 T 檢定、迴歸分析、相關分

---

* 柳婉郁，國立中興大學農業暨自然資源學院森林學系副教授，本文通訊作者。邱乙凡、鍾雅筑、張璨云、孫健豪、莊家萌，真理大學觀光數位知識學系學士。

析、單因子變異數分析等。本研究主要結論與建議如下：（1）華航應提升服務素質，增加旅客搭乘意願。（2）華航應增強服務過程保密，防止個資隱私洩漏。（3）改良機上餐點品質與多元性，並加強推廣機上購物。（4）透過廣告行銷提升華航品牌形象，以增加購買意願。（5）不同族群給予適當優惠，開發不同客群。（6）加強控管飛機維修，減少飛安事件發生。（7）新航線試乘活動，體驗中華航空所提供之設備與服務。（8）推出國內機加酒行程，讓旅客將搭飛機旅遊臺灣列入考慮。（9）提高會員之福利，吸引一般旅客成為會員。（10）增加航點及航班，票價降低。

關鍵詞：中華航空、品牌形象、品牌價值、體驗感受、滿意度

一 前言

隨著國民所得提高，國人對休閒活動愈來愈重視，對於其品質之要求也愈加嚴謹。如何提升顧客滿意度，有效掌握客源，將是拓展商機之著眼點，也是與其他業者競爭，得以勝出之關鍵。航空服務業是一國服務業發展中重要的一環，臺灣地理位置位於東亞樞紐，有發展點對點航線的最佳條件，相較於國內其他服務業，航空業仍有發展潛力。航空運輸提供人與物快速的移動服務，臺灣屬海島型國家，更需依賴飛航運輸以達成頻繁的經貿互動。隨著消費經驗的改變，消費者購買產品與服務時，更在意彰顯個人品味與追求刺激或觸動人心的感受（黃宥睿，2009）。隨著搭乘飛機的人次逐漸的攀升，全球的航空業也開始致力於規畫如何提供更好的服務。從中華航空二○○三年開始不斷引進新型飛機加入其機隊的擴充計畫可看出，臺灣的航空業者對於未來前景是深表樂觀的（楊嘉明，2010）。在強調顧客導向及顧客關係行銷的新經濟時代，航空公司真正能持續吸引消費者的方法，除了留住忠誠顧客與強化自身品牌，還需透過貼近顧客需求產生獨特的附加價值，才能在強大的競爭環境下創造成功的局面（De Chernatony & McDonald, 2001），當旅客對航空公司具有一定正向品牌權益與偏好時，消費者會願意再搭乘並且推薦他人；長期而言，航空公司不但能留住忠誠顧客、也能吸引旅客，並建立不易模仿的競爭優勢、持續獲利與永續經營（曾文祥、陳勁甫，2008）。在成本壓力、旅客需求改變與新技術引進等因素之衝擊下，航空公司除了保持舊有的配銷方式外，航空公司也會對自有產品、自有品牌及行銷技巧，以「拉力」的手法來提高旅客之需求與對產品或品牌之忠誠度（黃仲銘、龔志賢、于長禧，2000；林淑萍，2002）。

　　航空業競爭日益激烈，各家航空公司所提供的服務附加價值也日趨多元，無論是服務品質或是品牌形象，都是顧客選擇商品時重要的考量因素之一，如何提高服務品質與提升品牌形象，關鍵即在於「關係品質」的建立。航空公司的服務品質愈好，對於提升品牌形象、關係品質與顧客忠誠度皆具有良好且正向之效果。品牌形象對於關係品質與顧客忠誠度有顯著正向影響，故服務品質與品牌形象好的航空公司會透過增加顧客的滿意度與信任感，進而對於顧客忠誠度的提升也會產生加乘的效果（楊雅真，2009；謝亞茹，2012）。國內外許多相關文獻發現，服務品質、品牌形象、顧客滿意度與顧客忠誠度四者間有相當程度之關聯與相互影響性存在（謝明芳，2010；張峰瑞，2012；陳寬裕、林士豐，2012；彭劭傑，2013）。面對現今全球瞬息萬變、高度競爭的市場環境，企業要永續經營、取得持續性的競爭地位、賺取利潤，必須做好顧客關係管理（Customer Relationship Management, CRM）。透過 CRM 的確實執行，企業可鞏固顧客關係、減少顧客流失以及降低開發新客戶時所需花費之成本（王貞懿，2012；高端訓，2013；徐順德，2013）。

　　華航在過去，飛安事件頻傳，對企業形象造成極大的傷害，連帶影響部分旅客的消費意願。不同於一般企業的形象危機，空難事件不但造成重大的人員傷亡，接續的善後處理也十分繁雜。形象修護的難度遠高於一般企業（林柏婷，2007；張玉君、顏進儒、許家瑞、蔡昆哲，2007；封德台、方顯光、薛一正，2008；中華航空，2015）。近年來積極的利用各種方式與廣告來修護形象，較廣為人知的是運用「名人型廣告代言人」示範與推薦自身品牌形象（陳俐彤，2010）。使華航於二〇一一年榮獲國際航空專業媒體雜誌《Aviation Week》二〇一一年「全球最佳航空公司」第十名，是首次入選前十名的臺灣航空公司（陳美瑜，2003；交通部民用航空局，2013；中華航空，

2015）。因此，如何有效持續提升華航之品牌形象與品牌價值，為值得探討之課題，因此本研究擬以中華航空為例進行探討。目前關於航空業之相關文獻眾多（黃仲銘、龔志賢、于長禧，2000；郭瑞坤、洪義雄、郭彰仁，2004），其內容包括顧客滿意度（林隆儀、陳彥芳，2005；馮正民、鄭光遠，2006；封德臺、方顯光、薛一正，2008；凌鳳儀、蔡世昌、李家蓁，2010）、組織文化與承諾（羅喬文、陳淑娟、郭仕堯，2010）、服務品質績效（許義忠、余緒德，2005；林隆儀，2011）、飛航安全（張玉君等，2007；楊全斌等，2009）、品牌形象價值（溫傑華等，2009；陳家瑜、林昆德，2006；胡凱傑等，2010；吳淑鶯、彭康達，2010；林南宏、王文正、邱聖媛、鍾怡君，2007），其中大多文獻鎖定在飛航安全與服務品質之研究，較少探討航空公司之品牌形象與品牌價值，以及這兩者與體驗感受之相關性，因此本研究擬探討中華航空品牌形象、品牌價值、體驗感受之相關性與影響因素，進而提供相關行銷策略建議給相關單位參考。本研究以中華航空為例，分析旅客對中華航空之品牌形象、品牌價值、體驗感受、行為意向之看法。研究目的分述如下：一、探討旅客不同社經變數對中華航空公司的品牌形象、品牌價值、體驗感受、行為意向是否有顯著差異。二、探討中華航空公司品牌形象、品牌價值、體驗感受、行為意向等變數之相關性。三、探討旅客對中華航空品牌形象、品牌價值、體驗感受、行為意向看法之關鍵影響因素。四、根據本研究之實證分析，提出對中華航空具體之行銷建議，包括提升中華航空品牌形象與品牌價值之策略，以供中華航空進行行銷策略規畫之參考。

二 研究方法

本研究調查採發放網路問卷方式，主要目的是探討航空公司的

「人口統計變項」、「品牌形象」、「品牌價值」、「體驗感受」及「行為意向」之間的影響。比較航空公司的經營模式並提出具價值的資訊，以作為航空公司策略規畫之參考。本研究之研究架構如圖一所示。

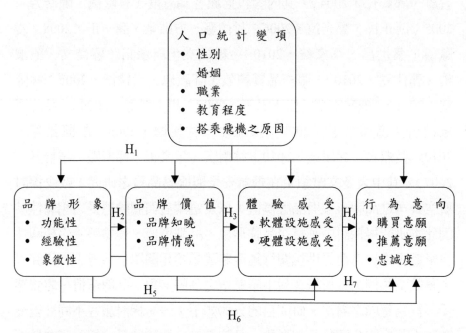

資料來源：本研究整理。

圖一　研究架構

　　根據 Zinnbauer & Bakay（2004）研究結果證實品牌價值對品牌形象有影響關係的存在；而大部分品牌價值定義為該品牌的認識及回憶的能力（Keller, 1993），因此若消費者對於該品牌的認識與回憶的能力較高時，對於品牌形象也會產生正向的影響，即品牌價值對品牌形象會有直接正向的影響（賴福瑞，2005）。邱奕豪（2004）在探討中友百貨的消費者體驗對體驗價值、顧客滿意度、行為意向影響以及葉美玲（2006）的研究顯示，不同月收入對於「整體顧客滿意度」有

顯著差異。根據以上學者的論點可以推論出本文的研究假說如下：

H1：不同人口變項對品牌形象、品牌價值、體驗感受、行為意向有顯著差異

　　Zinnbauer & Bakay（2004）研究結果證實品牌價值對品牌形象有影響關係的存在；而大部分品牌價值定義為該品牌的認識及回憶的能力（Keller，1993），因此若消費者對於該品牌的認識與回憶的能力較高時，對於品牌形象也會產生正向的影響，即品牌價值對品牌形象會有直接正向的影響（賴福瑞，2005）。邱奕豪（2004）在探討中友百貨的消費者體驗對體驗價值、顧客滿意度、行為意向影響以及葉美玲（2006）的研究顯示，不同月收入對於「整體顧客滿意度」有顯著差異。

H2：品牌形象對品牌價值會有直接正向的影響

　　對於品牌價值而言，通常指的是消費者一想到產品就會馬上想到的品牌名稱，若喚起品牌的程度越大，通常表示該品牌價值越高（彭康達，2008）。Aaker & Keller（1990）研究指出具有高知名度及良好形象的品牌，能提高消費者對該品牌的忠誠度以及良好的品牌形象，而良好的形象的品牌能提高消費者的信賴感，並增強其購買意願，因此品牌價值與品牌滿意度有顯著相關。

H3：品牌價值對體驗感受有正向影響。

　　Newman（1957）與Herzog（1963）認為品牌形象是指存在於消費者記憶之中，對於該品牌所產生的各種聯想，而此聯想係與品牌本身所透露的訊息有關，使消費者對於品牌產生聯想之意義，進而存在於消費者的記憶中。Dobni & Zinkhaml（1990）將品牌形象定義為

消費者對某品牌所持有的知覺概念。Padgett and Allen（1997）認為品牌形象同時包含了符號的意義，使消費者和產品或服務有了特殊的連結。Keller（1993）認為品牌形象是消費者在記憶中持有的品牌聯想所反映出來的品牌相關感知，品牌形象與品牌名稱相互連結而成的品牌聯想與屬性的總集合。Kapferer（1992）認為品牌形象是消費者對品牌聯想的聯合反映。Richardson，Dick & Jain（1994）認為品牌形象通常被消費者作為評價產品質的外部線索，並藉此推論或維持對產品的知覺品質。Biel（1992）認為品牌形象係由三種附屬形象所構成，即（1）產品或服務提供者的形象，亦即企業形象；（2）產品或服務使用者的形象；（3）產品或服務本身的形象。Keller（1993）將品牌形象區分為屬性聯想、利益聯想、態度聯想等三種型態。Park et al.（1986）以滿足消費者的需求為基礎，進一步將品牌的利益聯想細分為（1）功能性形象：使用產品或服務的實質利益，通常與產品的主要屬性有關，目的在於滿足消費者的基本需求。（2）象徵性形象：消費者消費產品或服務時所附帶的利益，主要是在滿足消費者隱藏的內在需求。（3）經驗性形象：使用產品或服務的感受，也是和產品的主要屬性有關，目的是要帶給消費者知覺上的愉悅與滿足。

H4：體驗感受會正向影響行為意向。

Parasuraman & Zeithaml及Berry（1994）曾探討產品品質與服務品質對於交易滿意度的影響，結果顯示，消費者對於交易的整體滿意度，會來自於服務品質、產品品質、產品價格的評價。Cronin & Brady and Hult（2000）證實服務滿意度會直接影響消費者行為意圖，亦會藉由服務價值的中介間接影響消費者行為意向。根據以上學者的論點可以推論出本文的研究假說如下：

H5：品牌形象會正向影響體驗感受

　　Keller（1993）的研究指出，品牌形象可使消費者對產品產生信心，影響消費者對產品的評價，而且具有顯著的正向影響。陳銘薰與許耀仁（2006）的研究發現，品牌的象徵性形象對顧客滿意度有正向顯著影響。Brandt（1998）的研究也指出，企業若能將產品功能性形象的特質與非功能性形象的特質加以整合，強化顧客與品牌聯結的動機，則此品牌在顧客心目中就會留下良好印象，使顧客相信此品牌是一個值得信賴的品牌，進而與該品牌建立長久且忠誠的關係。根據以上學者的論點可以推論出本文的研究假說如下：

H6：品牌形象會正向影響行為意向。

　　Stum & Thiry （1991）指出一個對品牌形象忠誠的顧客將會持續地重複購買並且向他人推薦該公司品牌。品牌形象是消費者對品牌所持有的觀念、感覺和態度；是消費者個人特質及態度的綜合體，也是心理意義與感覺的聯想，會決定消費者對品牌的感覺，並影響其消費抉擇（楊緒永，2009）。根據以上學者的論點可以推論出本文的研究假說如下：

H7：品牌價值會正向影響行為意向

　　消費者服務價值評估因貨幣／非貨幣成本、個人經驗與個人特性有所差異（Croninet al., 1997），因此一個品牌價值，除了重要的產品品質之外，還有賴許多有形成無形的符號、或親身的體驗與口碑所形成。Parasuraman et al. （1996）於「The Behavioral Consequences of Service Quality」一文中提出，消費者忠誠度應包含：對企業的正面評語、對潛在客戶推薦該企業、鼓吹親友與企業交易、以企業為購買時的第一優先選擇，以及增加未來與企業的交易。

　　本研究以搭乘過中華航空之旅客為研究對象，以網路填答問卷方式，進行問卷調查。本研究將網路問卷設置在mysurvey平台上，透過電子郵件、討論區／論壇、臉書、BBS等管道宣傳本問卷網址，以提升填答率，抽樣時間於二〇一三年七月一日至八月三十一日發放問卷，抽樣方式以便利抽樣方式進行調查。本研究因無法得知母體樣本數，因此用樣本計算公式，假設信賴水準百分之九十五的條件下，抽樣誤差為百分之五，計算出有效樣本數為五〇三份，本研究假設回收率為百分之九十五，所以實際應回收五〇三份問卷，為了縮小誤差值，故本研究問卷回收五二三份，以達到有效的問卷標準。

　　本研究問卷設計共分為五個部分，第一部分為旅客人口統計變項，第二部分為旅客對於華航之品牌形象了解，第三部分華航在旅客心中的品牌價值，第四部分為滿意度，統計旅客最近一次搭乘華航的體驗感受，第五部分為旅客對於華航之品牌行為意向。本研究之問卷旅客屬性資料，主要是參考國內遊憩實證相關研究（陳泓志，2012；趙碧蓮，2012；高端訓，2013）所作之旅客調整屬性變項，作為本研究的旅客個人特性，包含性別、年齡、婚姻、職業、教育程度、居住地區、月收入、過去一年間有幾次搭乘飛機的經驗、過去搭乘飛機之大部分原因、搭乘過下列哪些國內航空公司的飛機、最滿意／最喜愛哪一家國內航空公司、認為哪一家國內航空公司最安全、認為哪一家國內航空公司品牌形象最好等問項。

　　品牌形象是消費者對品牌所持有的觀念、感覺和態度，是消費者個人特質及態度的綜合體，也是心理意義與感覺的聯想，會決定消費者對品牌的感覺，並影響其消費抉擇（楊緒永，2009）。品牌形象其實是來自於消費者的感覺，這個感覺是在購買前、交易中與購買後，將所有與品牌的接觸點共同累積建立起來的（朱延智，2010）。參考Keller（1993）、李蕙君（2008）、黃惠宜（2009）等人之文獻將品牌

形象分為象徵性、經驗性及功能性並設計出「中華航空與觀光休閒形象相符合」、「中華航空班機具有現代化的服務設備」、「中華航空服務人員穿著整潔儀容端正」、「中華航空提供完善的服務流程以及說明資料」、「中華航空說明資料等相關文件精美且吸引人」、「中華航空之機上餐點相當美味可口」、「中華航空之機上購物資料多元豐富」、「服務人員對我允諾的事項都能履行」、「服務人員會在承諾的時間內，提供適當的服務」、「中華航空班機行進時穩定度高」、「服務人員能提供對我個別的服務」、「服務人員能提供對我個別的關懷」、「服務人員提供乘客關心、信任，免除其焦慮及不確定感」、「服務人員能在服務規則前提下，以乘客最佳利益為優先」、「服務人員對有特殊情形的乘客，提供適當的協助」、「服務人員對效率欠佳的等待服務給予適當補償」之問項。

消費者服務價值評估因貨幣／非貨幣成本、個人經驗與個人特性有所差異（Croninet al., 1997），因此一個品牌價值，除了重要的產品品質之外，還有賴許多有形成無形的符號、或親身的體驗與口碑所形成。國際知名的品牌顧問公司Interbrand，提出了一套為交所與倫敦證交所所接受之品牌價值系統化的衡量方法，這套建置方法結合量化的財務分析以及品牌活動的質化分析，在過去數十年間以鑑定過數千個品牌，也讓Interbrand成為全世界最有公信力的品牌價值顧問公司（林義凱，2004）。Interbrand「最有價值品牌」的調查報告顯示，每個名列前茅的品牌，其股票市值都遠高於有形資產的價值。造成這樣差異主要是來自於無形資產，且大部分是來自於品牌（馮淑亭，2005）。品牌價值與企業經營績效成正比，且品牌價值之建立將有助於企業價值之提升（屠伯群，2007）。本研究參考葉書芳（2005）、彭康達（2008）等人之文獻設計出「中華航空公司是知名的航空公司」、「中華航空公司是全球性的航空公司」、「中華航空是熟悉的品

牌」、「班機安全性值得信賴」、「服務人員帶給我信賴感」、「服務人員
的服務讓我對中華航空充滿信心」、「服務人員保障服務過程的安全和
保密」、「服務人員具有完整的專業知識」等問項。本研究所稱之體驗
感受，主要是參考國內遊憩實證相關研究（趙碧蓮，2012；彭劭傑，
2013）所作之旅客參與行為，統計旅客最近一次搭乘華航的體驗感
受，提出「中華航空消費價格合理」、「中華航空班機時刻使乘客方便
搭乘」、「中華航空航線很多」「中華航空的飛航很安全」、「中華航空
精緻旅遊的內容規畫完整」、「中華航空對外提供資訊完整」、「中華航
空的服務員服務態度良好」、「中華航空提供旅客服務完整（如機場接
送、貴賓室等）」、「中華航空提供旅客相當美味飛機餐」、「中華航空機
艙環境乾淨舒適」、「中華航空機艙提供的設備完善新穎操作容易」。

　　本研究行為意向參考Parasuraman et al.（1996）提出顧客滿意度
的衡量應包含服務品質、情境因素、個人因素及價格，也就是說顧客
滿意度是一種購買產品或服務後消費者是否感到同意的整體態度的評
估。評分採Likert五點量尺法，分別給予一到五分，若得分愈高，則
代表滿意程度愈強。Parasuraman et al.（1996）於「The Behavioral
Consequences of Service Quality」一文中提出，消費者忠誠度應包
含：對企業的正面評語、對潛在客戶推薦該企業、鼓吹親友與企業交
易、以企業為購買時的第一優先選擇，以及增加未來與企業的交易。
而本研究主要採用李克特（Likert Scale）五等量表測量，每題分別給
予一至五分，若得分愈高，則代表重遊意願與推薦意願愈強。參考黃
識銘（2008）、鄭靜芳（2010）等人之文獻，以華航為例對滿意度提
出「我會再次選擇中華航空」、「即使價格比較高，我仍會選擇搭乘中
華航空」、「即使其他航空公司進行促銷，我仍會選擇搭乘中華航
空」、「我會常帶親朋好友來搭乘中華航空」、「我會主動向親朋好友推
薦中華航空」、「我會在網路上介紹與推薦中華航空」、「若有人請我推
薦臺灣地區的航空公司，我會推薦中華航空」、「我會把中華航空當作

搭乘飛機的第一選擇」、「即使好友推薦其他航空公司，我仍會選擇搭
乘中華航空」、「即使他人評價為負面，我仍會選擇搭乘中華航空」之
問項。詳細問項如表一所示。

表一　問卷問項之構面

構面	類別	問題	參考資料
人口統計變數	旅客屬性	性別 年齡 婚姻 職業 教育程度 居住地區 個人月收入 過去一年間搭乘過幾次國內航班 過去一年間搭乘過幾次國際航班 過去搭乘飛機之大部分原因 搭乘過下列哪些國內航空公司的飛機 最滿意/最喜愛哪一家國內航空公司 認為哪一家國內航空公司最安全 認為哪一家國內航空公司品牌形象最好	賴怡玲（2002） 蔡鳳兒（2005） 吳宜庭（2013） 王挺勳（2011）
品牌形象	象徵性	中華航空與觀光休閒形象相符合 中華航空班機具有現代化的服務設備 中華航空服務人員穿著整潔儀容端正 中華航空提供完善的服務流程以及說明資料 中華航空說明資料等相關文件精美且吸引人	Parasuraman, Zeithaml & Berry（1991） 葉書芳（2005） 李蕙君（2008） 黃千文、廖瑋辰、陳依曼（2008） 黃惠宜（2009）
	經驗性	中華航空之機上餐點相當美味可口 中華航空之機上購物資料多元豐富 服務人員對我允諾的事項都能履行 服務人員會在承諾的時間內，提供適當的服務 中華航空班機行進時穩定度高	Parasuraman, Zeithaml & Berry（1996） 胡宛仙（2007） 莊右孟（2009） 鄭靜芳（2012）
	功能性	服務人員能提供對我個別的服務 服務人員能提供對我個別的關懷 服務人員提供乘客關心、信任，免除其焦慮及不確定感 服務人員能在服務規則前提下，以乘客最佳利益為優先 服務人員對有特殊情形的乘客，提供適當的協助 服務人員對效率欠佳的等待服務給予適當補償	Parasuraman, Zeithaml & Berry（1991） 葉書芳（2002） 李蕙君（2008） 黃惠宜（2009）
品牌價值	品牌知曉	中華航空公司是知名的航空公司 中華航空公司是全球性的航空公司 中華航空是熟悉的品牌	Keller（1993） Yoo and Donthu（2000） Kim et al.（2003） 彭康達（2008）
	品牌情感	班機安全性值得信賴 服務人員帶給我信賴感 服務人員的服務讓我對中華航空充滿信心 服務人員保障服務過程的安全和保密 服務人員具有完整的專業知識	Parasuraman, Zeithaml & Berry（1991） 葉書芳（2002） 李蕙君（2008） 黃惠宜（2009）

體驗感受	統計旅客最近一次搭乘中華航空的體驗感受	中華航空提供旅客相當美味飛機餐 中華航空機艙環境乾淨舒適 中華航空機艙提供的設備完善新穎操作容易 中華航空提供旅客服務完整(如機場接送、貴賓室等) 中華航空消費價格合理 中華航空班機時刻使乘客方便搭乘 中華航空航線很多 中華航空的飛航很安全 中華航空精緻旅遊的內容規畫完整 中華航空對外提供資訊完整 中華航空的服務員服務態度良好	陳泓志（2012） 趙碧蓮（2012） 高端訓（2013）
行為意向	購買意願	我會再次選擇中華航空 即使價格比較高，我仍會選擇搭乘中華航空 即使其他航空公司進行促銷，我仍會選擇搭乘中華航空 我會常帶親朋好友來搭乘中華航空	Parasuraman， Zeithaml & Berry（1996） 胡宛仙（2007） 莊右孟（2009） 鄭靜芳（2012）
	推薦意願	我會主動向親朋好友推薦中華航空 我會在網路上介紹與推薦中華航空 若有人請我推薦臺灣地區的航空公司，我會推薦中華航空	Parasuraman， Zeithaml & Berry（1996） 胡宛仙（2007） 莊右孟（2009） 鄭靜芳（2012）
	忠誠度	我會把中華航空當作搭乘飛機的第一選擇 即使好友推薦其它航空公司，我仍會選擇搭乘中華航空 即使他人評價為負面，我仍會選擇搭乘中華航空	Keller（2001） 黃識銘（2008）

資料來源：本研究整理。

三 結果與討論

　　本研究問卷發放類型為網路問卷，總計問卷回收數為五二三份，有效樣本五〇三份、無效樣本二十份。本研究將回收後之有效問卷進行信度分析，檢測量表是否具有內部之一致性，問卷之旅客對品牌形象的了解部分信度之 Cronbach's α 為 0.976，華航在旅客心中的品牌價值部分信度為 0.966，旅客最近一次搭乘華航的體驗感受部分信度為 0.958，旅客對華航的品牌滿意度部分信度為 0.93，整體信度為 0.98，如表二所示：

表二　信度分析統計表

構面	題數	α值*
旅客對於華航之品牌形象了解	16	0.976
華航在旅客心中的品牌價值	8	0.966
旅客最近一次搭乘華航的體驗感受	11	0.958
旅客對於華航之品牌滿意度	10	0.93
總和	49	0.98

註：*以 Cronbach's α 係數作為檢測問卷信度之標準，α < 0.30 為不可信；0.30 < α < 0.40 為初步研究，勉強可信；0.4 < α < 0.05 為稍微可信；0.50 < α < 0.70 為可信（最常見的信度範圍）；0.70 < α < 0.90 為很可信（次常見的信度範圍）；0.90 < α 為十分可信。

資料來源：本研究整理。

（一）敘述統計分析

1 基本屬性之敘述統計

　　此份問卷的填答者以二十一至三十歲的旅客為主，月收入平均在30,001-50,000元之內，大多數旅客出國的原因還是以旅遊為主，其次是探親；起初認為國內交通便利，國內航空業應該慢慢被淘汰，但經過統計後發現搭乘國內班機的次數比預期中多很多，其中又以華信航空為最多搭乘次數，旅客搭乘國際航空平均為每年一次，最喜愛、認為安全度最高和品牌形象最好的航空公司為長榮航空。本研究結果如表三所示。

表三　旅客樣本資料結構分析

變數	人數	百分比（%）
性別		
女	257	51
男	246	49
婚姻狀況		
未婚	278	55
已婚	225	45
年齡		
16-20 歲	49	9.74
21-30 歲	204	40.56
31-40 歲	155	30.82
41-50 歲	65	12.92
51-60 歲	23	4.57
61 歲以上	7	1.39
職業		
學生	180	35.8
軍公教	41	8.2
工業/製造業	49	9.7
農林漁牧	10	2.0
服務業	131	26.0
商業	65	12.9
家管	24	4.8
其他	3	0.6
教育程度		
國中以下	11	2.2
高中（職）	74	14.7
專科	97	19.3
大學	265	52.7
碩士	48	9.5
博士	8	1.6
居住地點		
北部	305	60.6
中部	114	22.7
南部	57	11.3
東部	14	2.8
其他	13	2.6
平均個人月收入		
10,000 元以內	80	15.90
10,001-30,000 元	143	28.43
30,001-50,000 元	218	43.34
50,001-70,000 元	52	10.34
70,001-90,000 元	6	1.19
90,001-1,10,000 元	1	0.20
1,00,001-1,30,000 元	1	0.20
1,30,001 元以上	2	0.40

表三　旅客樣本資料結構分析

搭乘飛機原因		
探親	61	12.2
觀光／旅遊	361	71.8
出差／會議	43	8.5
求學	30	6.0
其他	8	1.4
過去一年間有搭乘幾次國內飛機的經驗		
0 次	191	37.97
1 次	124	24.65
2 次	136	27.04
3 次	26	5.17
4 次	14	2.78
5 次以上	12	2.39
過去一年間有搭乘幾次國際飛機的經驗		
1 次	257	51.09
2 次	115	22.86
3 次	67	13.32
4 次	42	8.35
5 次以上	22	4.38
搭乘過下列哪些國內航空公司的飛機		
中華／華信航空	381	75.55
長榮／立榮航空	333	66.20
復興航空	155	30.82
遠東航空	94	18.7
最滿意/最喜愛哪一家國內航空公司？		
中華／華信航空	238	47.3
長榮／立榮航空	243	48.3
復興航空	16	3.2
遠東航空	6	1.2
認為哪一家國內航空公司最安全		
中華／華信航空	217	43.14
長榮／立榮航空	266	52.88
復興航空	13	2.59
遠東航空	7	1.39
認為哪一家國內航空公司品牌形象最好		
中華／華信航空	211	41.95
長榮／立榮航空	277	55.07
復興航空	9	1.79
遠東航空	6	1.19

資料來源：本研究整理。

2 中華航空品牌形象之敘述統計

中華航空的品牌形象象徵性較高，使旅客對其品牌印象深刻，特

別是中華航空的包裝及吸引人且設備完善為旅客最滿意的部分，且其文件製作精美，另搭乘過的旅客都印象深刻，其機上餐點也不斷的在創新，且藉由創意廚藝競賽等活動，不斷的在更新其菜色，且該航空公司對其服務有一定程度的要求，使其該題項較其他高。但具有現代化的服務設備以及個人關懷方面不夠完善為其較弱的項目，推測因該航空公司創立已久，設備需更新項目較多，所以更新較不迅速，且需個人服務者大多為擁有特殊需求者較多，所以旅客在這兩方面的品牌形象較不良好。本研究結果如表四所示。

表四　中華航空品牌形象之敘述統計分析

構面（平均數）	子構面（平均數）	題項	同意程度平均數（標準差）	排名
品牌形象（2.69）	象徵性（2.72）	中華航空與觀光休閒形象相符合	2.64（1.068）	9
		中華航空班機具有現代化的服務設備	2.61（1.219）	11
		中華航空服務人員穿著整潔儀容端正	2.72（1.294）	5
		中華航空提供完善的服務流程以及說明資料	2.77（1.111）	3
		中華航空說明資料等相關文件精美且吸引人	2.88（1.008）	1
	經驗性（2.70）	中華航空之機上餐點相當美味可口	2.76（0.986）	4
		中華航空之機上購物資料多元豐富	2.72（1.094）	5
		中華航空服務人員對我允諾的事項都能履行	2.65（1.148）	8
		中華航空服務人員會在承諾的時間內，提供適當的服務	2.71（1.127）	6
		中華航空班機行進時穩定度高	2.65（1.085）	8
	功能性（2.66）	中華航空服務人員能提供對我個別的服務	2.64（1.170）	9
		中華航空服務人員能提供對我個別的關懷	2.58（1.166）	12
		中華航空服務人員提供乘客關心、信任，免除其焦慮及不確定感	2.63（1.163）	10
		中華航空服務人員能在服務規則前提下，以乘客最佳利益為優先	2.63（1.197）	10
		中華航空服務人員對有特殊情形的乘客，提供適當的協助	2.68（1.204）	7
		中華航空服務人員對效率欠佳的等待服務給予適當補償	2.80（1.012）	2

註：本研究採用 Likert 五點尺度所衡量結果之平均數，給分方式為對該問項描述之看法，依程度給予分數，「極為同意」給5分；「同意」給4分；「普通」給3分；「不同意」給2分；「極不同意」給1分。由於是五等級量表，因此可以予以量化求出平均數。
資料來源：本研究整理。

3 中華航空品牌價值之敘述統計

中華航空的品牌價值之「品牌知曉」較高，使旅客對其品牌有較高的選擇意願。大部分旅客通常會選擇知名度較高的航空公司搭乘，並且若旅客沒有搭乘飛機之經驗，經常以該品牌之知曉程度為優先考量依據，因知曉程度可使旅客更有安全感。但「品牌情感」才是使品牌永續經營的的重要環節，因此建議訓練空服員對旅客之觀察能力，適時給予旅客幫助，提升服務品質，以及加強機組人員的專業訓練與定期維修保養機體設備，減少飛安事故。都能使「品牌情感」有很明顯的提升。本研究結果如表五所示。

表五　中華航空品牌價值之敘述統計

構面 （平均數）	子構面 （平均數）	題項	同意程度平均數 （標準差）	排名
品牌價值 （2.66）	品牌知曉 （2.67）	中華航空公司是知名的航空公司	2.70（1.342）	2
		中華航空公司是全球性的航空公司	2.70（1.215）	2
		中華航空是熟悉的品牌	2.63（1.388）	6
	品牌情感 （2.66）	中華航空班機安全性值得信賴	2.69（1.079）	4
		中華航空服務帶給我信賴感	2.74（1.129）	1
		服務人員的服務讓我對中華航空充滿信心	2.69（1.162）	4
		中華航空服務人員保障服務過程的安全和保密	2.58（1.191）	8
		中華航空服務人員是否具有完整的專業知識	2.62（1.273）	7

註：本研究採用 Likert 五點尺度所衡量結果之平均數，給分方式為對該問項描述之看法，依程度給予分數，「極為同意」給5分；「同意」給4分；「普通」給3分；「不同意」給2分；「極不同意」給1分。由於是五等級量表，因此可以予以量化求出平均數。
資料來源：本研究整理。

4 旅客搭乘中華航空之體驗感受敘述統計

中華航空的體驗感受部分，發現旅客最近一次搭乘中華航空之體驗感受並不佳，無論在價格、班機時刻、航線、飛安、旅遊資訊、客服、餐點、設備，或多或少使旅客不滿意，因此華航對於提升旅客搭乘滿意度有很大的改進空間。然而近幾年國民所得提高，同時出現許多廉價航空與之競爭，使旅客對於華航之體驗尚停滯在過往的認知當中，也不無可能。本研究結果如表六所示。

表六　旅客搭乘中華航空之體驗感受之敘述統計

構面 （平均數）	子構面 （平均數）	題項	滿意度平均數（標準差）	排名
旅遊特性 （2.71）	統計旅客最近一次搭乘中華航空的體驗感受 （2.71）	中華航空消費價格合理	2.88（0.867）	1
		中華航空班機時刻使乘客方便搭乘	2.77（1.065）	3
		中華航空航線很多	2.71（1.152）	6
		中華航空的飛航很安全	2.73（1.020）	5
		中華航空精緻旅遊的內容規畫完整	2.74（1.025）	4
		中華航空對外所提供資訊完整	2.70（1.026）	8
		中華航空的服務員服務態度良好	2.69（1.296）	9
		中華航空提供旅客服務完整（如機場接送、貴賓室等）	2.71（0.994）	7
		中華航空提供旅客相當美味飛機餐	2.77（0.947）	2
		中華航空機艙環境乾淨舒適	2.50（1.222）	11
		中華航空機艙提供的設備完善新穎操作容易	2.62（1.093）	10

註：本研究採用 Likert 五點尺度所衡量結果之平均數，給分方式為對該問項描述之看法，依程度給予分數，「非常滿意」給5分；「滿意」給4分；「普通」給3分；「不滿意」給2分；「非常不滿意」給1分。由於是五等級量表，因此可以予以量化求出平均數。

資料來源：本研究整理。

5 旅客搭乘中華航空行為意向之敘述統計

中華航空的行為意向部分，許多旅客儘管對華航之滿意度不佳，但現階段的華航，在服務品質上博得大多數人讚賞，空服員適時對旅

客噓寒問暖，能讓旅客在機上感到安心，且對空服員產生信心，進而達成美好的經歷，這樣的形象經營，不單單讓許多旅客願意推薦，更使其即使出現負面評價，旅客依然選擇持續相信華航是值得信賴的航空公司。當然有好的評價也有不好的，因此正視飛航安全、全面的售後服務及遇到問題時積極主動向旅客協商等負面評價，有助於提高旅客搭乘中華航空之行為意向。本研究結果如表七所示。

表七　中華航空旅客行為意向之敘述統計分析

構面（平均數）	子構面（平均數）	題項	同意程度平均數（標準差）	排名
行為意向（2.88）	購買意願（2.91）	我會再次選擇中華航空	2.82（1.091）	6
		即使價格比較高，我仍會選擇搭乘中華航空	3.08（0.950）	2
		即使其他航空公司進行促銷，我仍會選擇搭乘中華航空	2.97（0.960）	3
		我會常帶親朋好友來搭乘中華航空	2.78（0.940）	8
	推薦意願（2.80）	我會主動向親朋好友推薦中華航空	2.81（0.983）	7
		我會在網路上介紹與推薦中華航空	2.84（1.005）	5
		若有人請我推薦臺灣地區的航空公司，我會推薦中華航空	2.77（1.163）	9
	忠誠度（2.93）	我會把中華航空當作搭乘飛機的第一選擇	2.81（1.121）	7
		即使好友推薦其它航空公司，我仍會選擇搭乘中華航空	2.88（1.028）	4
		即使他人評價為負面，我仍會選擇搭乘中華航空	3.10（1.189）	1

註：本研究採用Likert五點尺度所衡量結果之平均數，給分方式為對該問項描述之看法，依程度給予分數，「極為同意」給5分；「同意」給4分；「普通」給3分；「不同意」給2分；「極不同意」給1分。由於是五等級量表，因此可以予以量化求出平均數。
資料來源：本研究整理。

（二）旅客不同屬性對研究變項之差異分析

1 性別對研究變項之差異分析

性別對於研究變項中，有顯著差異之問項，數據顯示結果女性大

於男性比例非常高，推測女性注重文件精美程度，男性則較注重文件中所傳達的資訊。而精緻旅遊部分雖有差異但兩性平均數為三以下，推測因現今人們工作繁忙及資訊發達，華航推出的精緻旅遊行程時間太緊湊，而以相同價格能享受等級更高的飯店等。飛機上的事務，包括服務人員的穿著、餐點的製作、環境整潔、飛機安全、艙位品質、等都是女性相當注重的部分，多數女性得到良好的感受後，認同中華航空為知名航空，所以也較常由女性推薦給其他人。

2 婚姻對研究變項之差異分析

婚姻對於研究變項中，有顯著性差異且未婚大於已婚之問項為「中華航空之機上餐點美味可口」，推測已婚者大多都以自行烹煮餐食為主，因此對外時較不滿意。其餘問項皆為已婚大於未婚，顯示已婚大都有固定收入，其收入顯著高於未婚受訪者，在航空公司的價格會考慮其家庭成員人數，故已婚受訪者每次花費金額顯著高於未婚，又因大多擁有家庭，故重視航空飛航安全。另外，已婚對於服務品質較為重視，評估準則通常為航空公司服務人員對於旅客是否能適時的關心。

3 旅客不同屬性對研究變項之單因子變異數分析

不同職業別旅客對「個人月收入」、「一年內搭乘國內航班之次數」、「一年內搭乘國際航班之次數」及品牌形象中的「經驗性構面」同意度有顯著差異。就個人月收入而言，「學生」所得顯著低於其他職業，推估學生族群收入多來自於課外時間打工，時薪低，其次為「家管」，推估家管平時無收入來源，月收入較其他職業來的低。就「搭乘國內航班」之次數而言，「學生」之次數顯著低於其他職業，推估學生族群較嚮往國外旅遊，故搭乘國內航班次數低。就「搭乘國

際航班」之次數而言有顯著差異，推估軍公教因假期較多，收入也相對一般職業高，故就搭乘國際航班之次數而言，「軍公教」之搭乘次數高於其他職業，「家管」為其次，推估因生活費較少與需照顧家中大小事物，較不容易出國旅遊。就「經驗性構面」而言，「工業／製造業」較常搭乘其他航空公司，相對其他職業而言，搭乘華航之經驗性較低。

不同教育程度之受訪者對「個人月收入」、「一年內搭乘國內航班之次數」、「一年內搭乘國際航班之次數」有顯著差異。就「個人月收入」而言，「碩士」與「專科」月收入高於其他學歷別之月收入，推估碩士及專科畢業者已進入社會工作，因此月收入較其他學歷高。就「搭乘國內航班之次數」而言，「博士」高於其他學歷之搭乘次數，推估「博士」學歷受訪者有較多機會需到外地做研究，因此搭乘次數較其他學歷搭乘次數高。就「搭乘國際航班次數」而言，「碩士」學歷受訪者搭乘次數最高，推估碩士學歷受訪者時常有公務出差而搭乘飛機的需求，故搭乘次數顯著較其他群組多。

不同搭乘飛機之原因對「個人月收入」、「一年內搭乘國內航班之次數」、「一年內搭乘國際航班之次數」及「品牌形象之象徵性」有顯著差異。就「個人月收入」而言，搭乘動機為「出差」群組之月收入顯著最高，而「觀光」最少，此符合理論預期。就「一年內搭乘國內航班之次數」而言，「觀光」群組顯著低於其他原因群組，推估國人觀光還是多以國外旅遊為主。就「一年內搭乘國際航班之次數」而言，「探親」群組顯著最低，顯示有探親需求之旅客較少搭乘國際航班。另外，不同群組對「品牌形象之象徵性」有顯著差異，推估旅客在選擇航空公司時，會以該航空公司之品牌形象做選擇。

（三）重要研究變項之 Pearson 相關分析

根據本研究結果，「年齡」與「個人月收入」、「品牌情感」有顯著正相關，推估旅客年齡越大，則其月收入越高且因為年紀較大的人，對特定品牌情感較深刻。「個人月收入」與「搭乘國內及國際飛機之次數」有顯著正相關，顯示個人月收入越高，越具有搭乘飛機之經濟能力。另外，搭乘「國際飛機次數」與「品牌形象－象徵性」、「品牌價值－品牌知曉」有顯著正相關，推估搭乘國際線的旅客會找品牌知名度較響亮的航空公司。「品牌形象－象徵性」與「品牌形象－經驗性」、「品牌價值－品牌知曉」有顯著正相關，推估旅客對品牌的象徵性越高，則其經驗性也越高，而品牌知曉越高，表示品牌象徵性如果在同領域具有特色，自然而然的品牌知曉也會提高。「品牌形象－經驗性」與「品牌形象－功能性」有顯著正相關，推估旅客認為越知名品牌其產品功能越佳。「品牌價值－品牌知曉」與「品牌價值－品牌情感」、「體驗感受」有顯著正相關，推估旅客對知名度較高之品牌，較易產生購買意願，旅客體驗感受也會越好。「體驗感受」與「購買意願」、「推薦意願」有顯著正相關，推估旅客搭乘時體驗感受滿意度越良好，對華航之購買意願同意度越高，且較願意向他人推薦華航。

（四）重要研究變項之迴歸分析

根據本研究之迴歸分析顯示，就「品牌形象」而言，旅客對中華航空「品牌知曉」越多、「品牌情感」越深、「品牌忠誠度」越高則對於中華航空的品牌形象滿意度越高，中華航空可針對此些構面進行改善，以增強遊客對於該航空公司之形象滿意度。就中華航空「品牌價值」而言，中華航空「品牌形象－象徵性」越明確、「品牌形象－經

驗性」越高、「品牌形象－功能性」越高時遊客越重視品牌價值，建議可以加強這些構面以提升中華航空之品牌價值。就中華航空「體驗感受」層面而言，中華航空「品牌形象－象徵性」越多、「經驗性」越好、「功能性」越高、「品牌知曉」越多、「品牌情感」越好，可增加旅客對於中華航空「體驗感受」層面的滿意度，「購買意願」也與「體驗感受」的滿意度成正比。就中華航空「行為意向」層面而言，「品牌形象-象徵性」越明確、「品牌價值」與「品牌情感」越深刻，可增加旅客對於中華航空的行為意向滿意度。其結果如表八所示。

表八　樣本資料對研究變項之迴歸分析

衡量構面	品牌形象	品牌價值	體驗感受	行為意向
常數	0.174** (2.960)	-0.252** (-3.430)	-0.015 (-0.234)	1.022*** (10.335)
年齡	0.000 (0.034)	-0.01 (-0.304)	0.003 (-0.234)	-0.004 (-1.540)
個人月收入	0.000 (1.616)	0.000 (-1.448)	0.000 (1.892)	-0.000 (-0.546)
搭乘國內飛機次數	-0.031* (-2.552)	0.012 (0.765)	0.016 (-0.589)	-0.001 (-0.049)
搭乘國際飛機次數	0.001 (0.046)	0.006 (0.417)	0.023 (1.204)	-0.039 (-1.699)
品牌形象-象徵性		0.056*** (8.941)	0.163 (1.780)	0.223** (2.933)
品牌形象-經驗性		0.085** (2.639)	0.132*** (3.652)	-0.009 (-0.117)
品牌形象-功能性		0.267*** (5.947)	0.147*** (3.140)	-0.003 (-0.043)
品牌價值-品牌知曉	0.210*** (9.049)		0.113*** (3.716)	-0.423*** (-9.736)
品牌價值-品牌情感	0.310*** (9.708)		0.126*** (4.179)	0.262*** (4.095)
最近一次搭乘體驗感受	0.392*** (10.164)	0.331*** (6.559)		0.709*** (9.997)
行為意向-購買意願	-0.086** (-3.045)	0.026 (0.726)	0.177*** (3.418)	
行為意向-推薦意願	0.015 (0.554)	0.058 (1.745)	0.100*** (5.991)	
行為意向-品牌忠誠度	0.105*** (3.804)	-0.153*** (-4.425)	-0.017*** (3.513)	
R2	0.922	0.907	0.897	0.619
Adjusted R2	0.920	0.905	0.895	0.677
顯著性	0.000***	0.000***	0.000***	0.000***

註1：* P<0.05，** P<0.01，*** P<0.001。
資料來源：本研究整理。

（五）研究假設是否成立

　　針對本研究提出之假設，對實證研究結果進行分析與討論，其檢定之詳細結果如表九所示。研究假設二認為品牌形象對品牌價值會有直接正向的影響，其結果為成立，表示品牌形象的提升可增加其品牌

之價值。研究假設三品牌價值對體驗感受有正向影響，其結果為成立，表示品牌價值越高，會使旅客在搭乘體驗感受上的滿意度越高。研究假設五品牌形象會正向影響體驗感受，其結果為成立，表示品牌形象越高時，旅客對於其搭乘體驗感受上滿意度越高。

表九　研究假設之結果

假設		成立與否
H1	不同人口統計變項會影響品牌形象、品牌價值、體驗感受、行為意向。	部分成立
H2	品牌形象對品牌價值會有直接正向的影響。	成立
H3	品牌價值對體驗感受有正向影響。	成立
H4	體驗感受會正向影響行為意向。	部分成立
H5	品牌形象會正向影響體驗感受。	成立
H6	品牌形象會正向影響行為意向。	部分成立
H7	品牌價值會正向影響行為意向。	部分成立

資料來源：本研究整理。

四　結論與建議

隨著國民所得提高，國人對休閒活動越來越重視，國際化的社會也趨漸普遍，使越來越多航空公司興起，旅客對於其品質之要求也越加嚴謹。如何提升顧客滿意度，以有效掌握客源，將是拓展商機之著眼點，也是與其他業者競爭，並得以勝出之關鍵。本研究，了解不同年齡層、工作背景、收入等旅客對華航的品牌形象、品牌價值及行為意向之間的關係進行深入探討。本研究透過網路問卷調查，採取信度分析、獨立樣本T檢定、變異數分析、因素分析、相關分析及迴歸分析

等方法進行統計分析，先探討不同社經背景之旅客對品牌形象構面之差異分析，再將不同社經背景之旅客對品牌價值構面之差異分析，最後探討不同社經背景之消旅客對體驗感受之差異分析，以探討旅客之行為意向。本章將研究分析結果整理歸納出本研究之結論，並提供航空公司在未來發展之建議、改進方向及進行相關決策時之參考依據，期許本研究對於航空公司現況能有所貢獻。本研究提出之建議如下：

（一）華航應提升服務素質，增加旅客搭乘意願

根據本研究結果顯示，旅客對中華航空服務人員態度整體滿意度偏低，建議中華航空可提升相關服務，如增加服務人員的數量、加強服務人員對旅客的服務獨特性，讓旅客對該航空公司的服務感到滿意等正向觀感，進而提升旅客對於中華航空服務人員的滿意度，進而增加旅客的搭乘意願。其次，越來越多企業打著提供個人化的服務，建議華航能在接收到旅客基本資料時，致電訂位單位是否需要特殊服務，如能與醫療器材廠商討論如何協助肢體不便之旅客在搭乘飛機時，能享受到更好的體驗。亦可在公司內針對各部門之員工舉辦活動，如可在機上發放服務人員滿意度調查，被讚賞之員工即可獲得獎勵，榮譽及獎勵可直接由服務回饋給旅客，可增加旅客對於中華航空之滿意度，以提升該航空公司之品牌形象。

（二）華航應增強服務過程保密，防止個資隱私洩漏

根據本研究結果顯示，旅客對於在保障服務過程的安全整體滿意度偏低，意即旅客對於華航提供服務過程有保密疑慮，建議中華航空加強防火牆及惡意軟體防禦之功能，以致旅客個資不外流。

（三）改良機上餐點品質與多元性，並加強推廣機上購物

根據本研究之結果顯示，部分旅客不滿意機上餐點，建議可與臺灣在地美食及食材合作，如嘉義雞肉飯為主食、花蓮麻糬為甜品、屏東黑珍珠蓮霧為水果等，並將食材製作成象徵華航的梅花圖案，不但能讓旅客留下深刻印象還能行銷臺灣。另外，華航可強化機上購物之行銷，例如可推出機上商品優惠折扣、購買一定金額以上之商品可免費宅配到府或免費接機等服務，以提升公司之營業收入。

（四）透過廣告行銷提升華航品牌形象，以增加購買意願

根據本研究結果之顯示，華航廣告行銷策略。廣告多以傳遞資訊為主要目的，無法令旅客印象深刻，且數據顯示未婚者覺得華航與觀光休閒形象較不相符合，建議華航能夠提升過去曾推出之微電影行銷方式，針對未婚族群拍攝更多相關微電影廣告。善加利用華航知名國際航空公司的優勢，在機場內可設置服務站介紹華航或是販售華航周邊商品，藉此提升其品牌形象，增加購買意願。

（五）不同族群給予適當優惠，開發不同客群

根據本研究結果顯示，旅客普遍覺得中華航空票價較高，且學生族群普遍覺得無法負荷，建議中華航空可針對不同族群給予優惠，提高各族群之購買率，以開發不同客群。如在畢業季時，推出憑應屆畢業生之證明，五人成行，一人免費之活動或與長期有機會搭乘華航之公司行號合作，以合作公司訂位者，即可享優惠。

（六）加強控管飛機維修，減少飛安事件發生

根據本研究數據指出，旅客對華航曾發生之飛安事故有一定程度

擔憂，雖近年來比例有下降之趨勢，但仍建議中華航空強化機身之硬體設備，並定期進行維修保養，以降低旅客對華航過去飛安事故之影響。

（七）新航線試乘活動，體驗中華航空所提供之設備與服務

當業者在提供試用商品給消費者使用時，可提高消費者的購買意願，且在消費後會告訴給其他人他們的購買後感想進而推薦他人購買。故建議中華航空可舉辦新航線低價或限量試乘活動，使旅客能親身體驗中華航空所提供之設備與服務，進而推薦更多待開發消費者選擇搭乘中華航空。

（八）推出國內機加酒行程，讓旅客將搭飛機旅遊臺灣列入考慮

國人搭乘國內班機之原因大多非觀光動機，建議中華航空可自行規畫或與旅行社合作規畫離島觀光之套裝行程，如澎湖、金門、馬祖等，開拓離島觀光之市場，進一步與在地租車公司合作，增加國內旅遊之飛機搭乘次數，進而提升華航國內航線之經濟收入。

（九）提高會員之福利，吸引一般旅客成為會員

根據本研究數據顯示旅客對華航的購買意願越高，則品牌形象的滿意度越低，推估因各種原因使品牌形象與購買意願成反比，建議華航能夠降低各等級會員享受福利之門檻，利用升級服務及口碑效應，讓更多旅客願意再度購買以及向親朋好友推薦。

（十）增加航點及航班，票價降低

　　華航與新加坡合資之廉價航空──臺灣虎航，預計二○一四年底營運，建議中華航空營運時能增加已開發航線之航班，將票價直接回饋到華航才有的其他航線，且虎航之航點以東南亞航線為主，但東北亞之國家亦深受臺灣人喜愛，因此可參考政府統計之年底國人出國目的地國家數據，開發未在現有航線中之航線。

參考文獻

中華航空　中華航空：http://www.china-airlines.com/ch/about/about-1-1.htm　2015年

王貞懿　顧客關係管理之關鍵績效指標研究──以國內航空業為例。國立中正大學企業管理學系研究所　2012年

王挺勳　旅遊網站服務品質對旅遊服務品質之影響　明新科技大學服務事業管理研究所碩士論文　2011年

交通部民用航空局　交通部民用航空局──空運管理：http://www.caa.gov.tw/big5/content/index.asp?sno=51　2013年

朱延智　品牌管理：塑造企業形象提升市場占有率　臺北市：五南圖書出版公司　2010年

吳宜庭　神腦國際特約服務中心關鍵成功因素探討　崑山科技大學資訊管理研究所碩士論文　2013年

吳淑鶯、彭康達　消費者對航空公司的品牌知曉、認知品質與知覺價值在品牌態度及購買意願上之影響　國際學報　第13卷第2期　2010年　頁52-55

李蕙君　臺北縣國民小學教師團康活動運用在班級經營實施現況之研究　國立臺北教育大學教育事業創新經營研究所碩士論文　2008年

林南宏、王文正、邱聖媛、鍾怡君　產品知識及品牌形象對購買意願的影響──產品類別的干擾效果　行銷評論　第4卷第4期　2007年　頁481-504

林柏婷　中華航空公司形象修護策略研究：以民國八十三年至九十五
　　　　年空難事件為例　世新大學口語傳播學研究所碩士論文
　　　　2007年

林淑萍　航空公司網路訂位售票行銷策略與顧客滿意度之研究——以
　　　　國內航線為例　南華大學旅遊事業管理學系碩士班碩士論文
　　　　2002年

林隆儀　服務品質、品牌形象、顧客忠誠與顧客再購買意願的關係
　　　　中小企業發展季刊　第19期　2011年　頁31-59

林隆儀、陳彥芳　價格促銷、認知價值與商店形象、認知價值與商店
　　　　形象對購買意願影響之研究——以大臺北地區3C連鎖家電為
　　　　例　管理與資訊學報　第10期　2005年　頁51-85

林義凱　臺灣上市公司公司治理與公司經營績效之關連性研究　國立
　　　　成功大學企業管理學系碩博士班碩士論文　2004年

邱奕豪　消費者體驗對體驗價值、顧客滿意度、行為意向影響之研
　　　　究——以中友百貨為例　朝陽科技大學企業管理學研究所碩
　　　　士論文　2004年

封德台、方顯光、薛一正　中華航空公司顧客滿意度、抱怨處理及顧
　　　　客忠誠度關係之研究　華人經濟研究　第6卷第1期　2008年
　　　　頁105-122

胡宛仙　國際觀光旅館顧客忠誠度之研究——以花蓮某國際觀光旅館
　　　　為例　國立東華大學企業管理學系碩士論文　2007年

胡凱傑、呂明穎、黃美婕　航空貨運站服務品質、創新能力與企業形
　　　　象對顧客滿意度與忠誠度之影響　商略學報　第2卷第1期
　　　　2010年　頁37-54

凌鳳儀、蔡世昌、李家蓁　台中航空站「兩岸航線」服務滿意度之研
　　　　究　中華科技大學學報　第42期　2010年　頁287-314

徐順德　行銷組合策略、遊客知覺價值與遊客購後行為之相關研究——以小琉球民宿遊客為例　國立屏東教育大學生態休閒教育研究所碩士論文　2013年

高端訓　企業社會責任對消費者購買意願影響之研究——品牌依附及品牌形象之中介效果　國立臺北大學企業管理研究所博士論文　2013年

屠博群　品牌價值與企業價值關聯性之探討　東吳大學會計學研究所碩士論文　2006年

張玉君、顏進儒、許家瑞、蔡昆哲　各國飛航安全研究項目與能量分析　危機管理學刊　第4卷第2期　2007年　頁21-32

張峰瑞　品牌形象、品牌知名度及產品知識對購買意願的影響——以裕隆納智捷（LUXGEN）汽車為例　元培科技大學企業管理研究所碩士論文　2012年

莊右孟　大陸觀光客對日月潭國家風景區旅遊動機、旅遊意象、旅遊滿意度與旅遊忠誠度關係之研究　靜宜大學管理碩士在職專班碩士論文　2009年

許義忠、余緒德　休閒、壓力與調適研究：以中華航空女性空服員為例　戶外遊憩研究　第18卷第2期　2005年　頁1-24

郭瑞坤、洪義雄、郭彰仁　運用重視——表現程度分析法探討旅客對航空站服務之態度研究——以台東航空站為例　觀光研究學報　第10卷第3期　2004年　頁129-152

陳泓志　品牌形象與知覺價值對顧客忠誠之研究——以華碩筆記型電腦為例　南台科技大學行銷與流通管理研究所碩士論文　2012年

陳泓志　單工測試機台的多工化改善之研究——以智慧型手持裝置測試機台為例　逢甲大學資訊電機工程研究所碩士論文　2012年

陳俐彤　廣告代言人類型與顧客忠誠計劃對廣告效果之影響——以中華航空公司平面廣告為例　長庚大學管理學研究所碩士論文　2010年

陳美瑜　航空公司品牌定位之研究——以搭乘歐洲航線與美洲航線之FIT旅客為例　南華大學旅遊事業管理研究所碩士論文　2003年

陳家瑜、林昆德　企業形象對旅客忠誠度之影響研究——以國內航空業為例　觀光旅遊研究學刊　第1期　2006年　頁53-78

陳銘薰、許耀仁　品牌形象與品牌忠誠度之關係探討——以遠雄建設入口網站為例　臺北市：資訊管理學術與實務研討會　2006年

陳寬裕、林士豐　博物館解說服務滿意度對紀念品購買意願的影響：衝動性特質的干擾效果　科技博物館　第16卷第1期　2012年　頁72-95

彭劭傑　品牌形象、品牌權益與消費意願關係之研究——以旅館業為例　醒吾技術學院全球運籌管理研究所碩士論文　2013年

彭康達　消費者的品牌知曉程度、價值知覺、認知品質對品牌態度及購買意願之影響——以航空公司為例　國立勤益科技大學企業管系碩士論文　2008年

曾文祥、陳勁甫　航空公司品牌權益組成要素關係之研究　國立成功大學交通管理科學研究所碩士論文　2008年

馮正民、鄭光遠　探討航空公司員工滿意度與顧客忠誠度關係之研究：由服務行為之觀點探討　運輸計劃季刊　第35卷第2期　2006年　頁191-231

馮淑亭　品牌形象、品牌策略與品牌價值之關係研究——以郭元益公司為例　育達商業技術學院企業管理所碩士論文　2005年

黃千文、廖瑋辰、陳依曼　服務品質研究報告——以貓空纜車為例　臺北市立士林高級職業學校國際貿易科　2008年

黃仲銘、龔志賢、于長禧　航空客運服務品質之實證研究——以臺灣的航空公司為例　*Asia Pacific Management Review*　第5卷第4期　2000年　頁541-556

黃宥睿　以體驗經濟觀點研究基本型服務及體驗型服務對顧客忠誠度之影響——以華航為例　輔仁大學管理學研究所碩士論文　2009年

黃惠宜　壽險公司核保人員服務品質與業務員滿意度之研究——以P壽險公司為例　朝陽科技大學保險金融管理系碩士班碩士論文　2009年

黃識銘　關係黑暗因子對關係績效的影響——社會交換理論觀點　中興大學企業管理學系所博士論文　2008年

楊全斌、邱清華、郭宗禮、鄭景暉　中華航空公司CI-611澎湖空難罹難者身分辨識之探討　臺灣法醫學誌　第1卷第1期　2009年　頁57-70

楊雅真　航空公司服務品質、品牌形象及關係品質對顧客忠誠度之影響　銘傳大學觀光研究所碩士論文　2009年

楊嘉明　企業形象、服務品質對顧客忠誠度之研究——以某航空公司國際航線 FIT 旅客為例　逢甲大學經營管理研究所碩士論文　2010年

楊緒永　品牌形象、知覺價值、口碑、產品知識與購買意願之研究——以手機為例　南華大學企業管理系管理科學研究所碩士論文　2009年

溫傑華、葉文雅、賴珊靖、蕭秀姮　國際線航空公司品牌定位之研究——以臺北東京航線為例　運輸學刊　第21卷第3期　2009年　頁251-278

葉美玲　體驗行銷、體驗價值、顧客滿意度與忠誠度關係探討──以
　　　　臺北市立北投區運動中心為例　國立臺南大學運動與健康研
　　　　究所碩士論文　2006年

葉書芳　多屬性決策模式下之消費者偏好分析　臺灣大學國際企業學
　　　　研究所碩士論文　2005年

趙碧蓮　品牌形象及知覺價值對購買意願影響之品牌形象及知覺價值
　　　　對購買意願影響之研究──以桂格健康食品為例　南台科技
　　　　大學行銷與流通管理研究所碩士論文　2012年

蔡鳳兒　遊客體驗、旅遊意象、滿意度及忠誠度關係之研究──以日
　　　　月潭國家風景區為例　南華大學旅遊事業管理學研究所碩士
　　　　論文　2005年

鄭靜芳　臺資銀行中國市場營運策略探討──以星展銀行、華一銀行
　　　　為例　輔仁大學金融與國際企業學系金融碩士班碩士論文
　　　　2012年

賴怡玲　網路購物動機對決策行為之影響　國立中山大學企業管理學
　　　　系研究所碩士論文　2002年

賴福瑞　遊客對休閒農業區之遊憩動機、體驗與滿意度之研究──以
　　　　金針山休閒農業區為例　國立屏東科技大學森林系研究所碩
　　　　士論文　2005年

謝亞茹　服務品質及品牌形象對消費者滿意度與忠誠影響之研究──
　　　　以百貨業為例　臺北城市科技大學電子商務研究所碩士論文
　　　　2012年

謝明芳　服務品質、品牌形象、顧客滿意度與顧客忠誠度之因果關係
　　　　研究──以南部休閒渡假產業為例　致遠管理學院工業管理
　　　　學系研究所碩士論文　2010年

羅喬文、陳淑娟、郭仕堯　航空公司組織文化與組織承諾之研究　航空太空及民航學刊　第42卷第2期　2010年　頁73-81

Aaker, D. A. and Keller, K. L. (1990). Consumer evaluations of brand extensions. *Journal of Marketing*, 54(1), 27-41.

Biel, A. L. (1992). How brand image drives brand equity. *Journal of Advertising Research*, 32 (6), 6-12.

Cronin, J. J., Brady, M. K. and Hult, G. T. M. (2000). Assessing the effects of quality, value, and customer satisfaction on consumer behavioral intentions in service environments. *Journal of Retailing*, 76(2), 193-218.

Cronin, J. J., Brady, M. K., Brand, R. R., Hightower, J., and Shemwell, D. J. (1997). A cross-section test of the effect and conceptualization of service value. *Journal of Service Marketing*, 11, 375-391.

De Chernatony, L., and McDonald, M. (2001). Creating Powerful Brands in Consumer, Service and Industrial Markets. Oxford: Butterworth-Heinemann

Dobni, D. and Zeithaml, V. A. (1990). In Search of Brand Image: A Foundation Analysis. *In Advances in Consumer Research*, 17(1) Edited by Goldberg, M. E. Gorn,G. and Pollay, R., UT: Association For Consumer Research.

Kapferer, J. N. (1992). Strategic Brand Management: New Approaches to Creating and Evaluating Brand Equity, New York: The Free Press.

Keller, K. L. (1993). Conceptualizing measuring and managing customer-based brand equity, *Journal of Marketing*, 57(1), 1-22.

Keller, K. L. (2001), Building Customer-Based Brand Equity, *Marketing Management*, 10(2), 15-19.

Kim, H., Kim, W. G., and An, J. A. (2003). The effect of consumer-based brand equity on firms financial performance. *Journal of Consumer Marketing*, 20(4), 335-351.

Padgett, D. and Allen, D. (1997). Communicating experiences: a narrative approach to creating service brand image. *Journal of Advertising*, 26(4), 49-62.

Parasuraman, A., Zeithaml, V. A., and Berry, L. L. (1991). Obstetrical care and patient loyalty. *Mark Health Service*, 19, 4-12.

Parasuraman, A., Zeithaml, V. A., and Berry, L. L. (1996). The behavorial consequences of service quality. *Journal of Marketing*, 60(2), 31-46.

Parasuraman, A., Zeithaml, V.A., and Berry, L. L. (1994). Alternative scales for measuring service quality: A comparative assessment based on psychometric and diagnostic criteria, *Journal of Retailing*, 70(3), 201-230.

Park, C. W., Joworski, B. J. and MachInnis, D. J. (1986), Strategic brand concept-image management. *Journal of Marketing*, 50(4), 135-145.

Richardson, P. S., Dick, A. S. and Jain, *A. K.* (1994). Extrinsic and intrinsic cue effects on perceptions of store brand quality. *Journal of Marketing*, 58, 28-36.

Sheth, J. N., Newman, B. I., and Gross, B. L. (1991). Why we buy what we buy: A theory of consumption values. *Journal of Business Research*, 22(2), 159-170.

Stum, D. L. and Thiry, A. (1991), "Building Customer Loyalty," *Training and Development Journal*, 45(4), 34-36.

Wolfe, P. and Brandt, R. (1998). What do we know from brain research? *Educational Leadership*, 56(3), 8-13.

Yoo, B., Donthu, N., and Lee, S., (2000). An examination of selected marketing mix elements and brand equity. *Journal of the Academy of Marketing Science*, 25(2), 195-211.

Zinnbauer, M. A. and Bakay, Z. (2004). Modeling brand equity in a modern business context. SAM/IFSAM VII the World Congress.

海報設計中邊界的二元性研究

邱婉婷、施令紅、邱培榮*

摘要

Posters without Borders 國際海報創作邀請展，主題定位為從設計師或藝術家的觀點，探索「邊界」的議題，「邊界」是指生活於相同地區的子民，從一個地方出發、遷徙、到達新大陸開發與生活，探討原始住民是如何看待離去的親族，或是遷徙中的人是以何心情面對新地點與新生活，或是到達新地點的人們如何與當地的原始住民相處等有關邊界中當事者、他者的議題，不同的地點或人，彼此間是以何種的眼光看待彼此？以平面設計表達國際設計師他們對於國與國界、心與心界的移動意念，即移動者與非移動者之間，其身體與心靈上的變動，是本海報設計展覽中眾作品欲呈現的重要主題。而本研究從分析此一主題系列的展覽作品中，使用專家法來進行分析，專家從瑞士語言學家索緒爾符號學中的二元性為研究方法，分析海報作品的符旨與符徵、毗鄰軸與系譜軸、外延與內涵三種設計界使用符號學方法論，研究結果為歸納出本展覽主題的設計師或藝術家關於「邊界」主題之多元二元性觀點，為對比性、本質性、動態性與宣示性的設計表達方式。

關鍵詞：海報設計、二元性、符號學、邊界

* 邱婉婷，福建工程學院建築與城鄉規劃學院副教授及國立雲林科技大學設計學研究所兼任助理教授。施令紅，國立臺灣師範大學設計學系教授。邱培榮，崇右技術學院視覺傳達設計系助理教授。

一 緒論

海報設計最主要的目的功能為視覺傳達，但一個好的視覺傳達作品，需要符合表達內涵、美感呈現、吸引群眾等的目標。本研究從一項國際性海報徵選與策展的作品，分析本海報作品的主題「邊界」，其作品內涵、美感元素、色彩、文化等各項因子的分析，來了解國際海報作品的視覺傳達的重要因子，即海報設計師在表達與呈現上，如何做到其內在思想的宣達，又期盼與觀眾互動的內容，所採取平面美學設計的手段。

（一）研究動機

本研究選擇之國際海報設計展是一項由三位設計師兼策展人共同發起的海報徵集活動，以下針對海報展與策展人分別介紹如下。

1 Posters without Borders 展覽介紹

Poster without Borders 是一個由三位設計師 Eric Boelts, Antonio Castro H. 及 Erin Wright 在去年二〇一四年間一同創立，舉辦的第一屆國際 Posters without Borders 海報創作邀請展，地點在墨西哥（圖一）。

此展集結了世界各地設計師與藝術家們以「邊界」、「遷徙」為主題的海報作品展出；從創立開始已在英國伯明罕、美國阿拉巴馬州、德州、和第十三屆墨西哥國際海報雙年展中嶄露頭角。

此展覽希望透過設計師與藝術家的視角，來探討「國界」、「移民」在人類社會中的角色。遷徙移居的活動，對被遷入與被遷出的社會帶來什麼影響？是否跨國界的移動，模糊了界線間的區別？有著遷徙移居經驗的人們，帶著什麼樣的心情離開熟悉的家鄉，用什麼樣的眼光開始陌生的生活？

　　「國界」定義了地理位置上國與國之間的區別，也把你我之間劃分差異，即使人們在二十萬年前都曾在同一區域誕生、繁衍、生活，再從同一區域出發，到新大陸開發新的天地。但國籍的不同，使我們以不一樣的眼光看待彼此：國界以外的人們，是與「我們」不同的「他者」。人們依舊在遷徙，許多人移動的原因與我們的老祖先相同：為了更好的生活而重新開始，不管是為了逃離飢荒、災難、或只是要更美好的物質環境；人類有求生存的本能，跨界移動永遠都存在，而那些曾經是「我們」的一部分，不停歇地選擇成為「他者」（graphicart-news網站，2015年5月1日查詢）。

　　遷徙移居的活動不斷，我們也沒辦法忽視它帶給人們與社會的影響，該如何看待這些移動行為，以什麼眼光看待「我們」和「他們」，如何面對因為遷徙活動而變遷的社會，或許透過Posters without Borders展覽中的作品，能開始學習並獲得解答。

圖一　Posters without Borders 是一個國際海報創作邀請展

（二）Posters without Borders 創辦人

1 Antonio Castro

　　目前於德克薩斯州大學任教的 Antonio Castro，除了教學之外，也為了許多知名電視頻道與公司完成成功的設計作品，例如 Bravo

Network, Independent Film Channel, American Movie Classics, El Paso Chile Company, Cinco Puntos Press 及 Stanley and Gerald Rubin Center。Antonio Castro 的作品曾發表於許多平面設計的發行刊物上，例如 Graphis "New Talent" book, Print Magazine，最近 Antonio Castro 的作品也被收錄於美國科羅拉多海報邀請展中（posterposter 網站，2015年5月1日查詢）。

2 Eric Boelts

熱愛海報設計與創作海報作品的 Eric Boelts，在亞利桑那州大學取得藝術學士與企業行銷管理碩士後，一邊經營設計相關事業，並在美國科羅拉多州和亞利桑那州從事教學工作。曾經在許多國際競賽中獲得獎項，例如：捷克、墨西哥、英國、加拿大、俄羅斯、波蘭及美國。也曾經擔任過許多國內與國際競賽的評審，目前居住於科羅拉多州的波德（posterposter 網站，2015年5月1日查詢）。

3 Erin Wright

Erin Wright 目前任教於阿拉巴馬大學，從事設計與教學工作有二十五年以上的經驗，設計生涯中贏得了許多國際性比賽的獎項，在使用假名 Asylum 期間所創作的作品也常出現在許多國際競賽中，例如：PRINT Regional Design Annual, American Corporate Identity。Erin 設計許多優秀的海報作品，常常讓世界各地許多國際競賽與展覽當中贏得獎項，例如：波蘭華沙、捷克布魯諾、南韓京畿道、墨西哥國際海報雙年展；美國科羅拉多海報雙展……等。Erin Wright 傑出的設計作品也使他多次贏得伯明罕 ADDY 獎的金獎、銅獎以及 ADDY 獎的年度設計師與年度插畫家（posterposter 網站，2015年5月1日查詢）。

（三）研究目的

　　Posters without Borders 集結世界各地以「邊界」、「遷徙」為主題的海報設計，設計師投射自己的文化背景與意識於作品中，可見設計師因來自不同國家、針對不同社會議題、或關懷各種族群而抒發於作品中具內涵的意念，透過本議題之三十餘件作品，由三位設計專家共同分析，得出設計與符號學的理論範型，另本研究也發現，此議題之作品展很值得臺灣設計各界的省思，因臺灣與對岸在長期不同政治背景下，造成的分隔，人種相同，過去的國家背景相同，但今日的競爭與分合，造就出的「邊界」、「遷徙」、「國界」、或「外來移民」等想法，也非常多元，更值得未來延伸各個國家的參與，作為設計創作題材來共同發揮。

1 Posters without Borders 與臺灣兩岸設計主題之關聯性

　　就臺灣本地而言，就有各種的邊界議題，舉凡從政治造成實質分隔的臺灣與大陸之「兩岸邊界」議題，或本島與外島的地理分隔的「離島邊界」議題，或島內在城鄉實質分配不均與功能定位差異的「都內外邊界」議題，乃至人際互動不足，造成心與心的理解不足的「族群邊界」議題，或世界各國稱為外勞的「外來移民」工作等問題，都是邊界在地理、功能、對人心態上的影響，研究發現本議題，可以讓社會上各階層投射出眾多實際的故事，以平面設計的表現彰顯其力量，並傳達給民眾在知性與感性上的互動，改善淨化國家社會人際關係，有意義於人類的實質生活提升。

二　文獻回顧

　　本研究在選定一項設計主題之相關作品及其展示，目的旨在從設

計作品外，同時也代表如何理解一個作品背後，設計者的思想，與作品反映的設計文化及思想背景。

因此對設計工作者而言，除必須熟悉各種設計工具和技法外，創作的展開以及設計的策略與管理，更是重要的創作流程關鍵，為此，無論設計實務與教育者，應不斷檢討設計形成背後各種創作理念，以及這些理念所蘊含的意義、隱喻，即其隱喻的遊戲規則，以下簡述隱喻使用於設計與理論中的符號概念。

（一）二元性

瑞士的符號學家索緒爾（Ferdinand de Saussure）在其創建的符號學法則中說明，符旨（signified）與符徵（signifier）的二元相對性，即所謂符號就是符旨與符徵此二元的組合（林品章、張照聆，2009）。

而所謂二元性（duality/dualism）是指「二元雙向性」的思考哲學，其實二元性無論在東西方，其由來已久，希臘哲學家赫拉克里特斯（Heraclitus）曾經說：「所有事物皆以對立衝突存在」，柏拉圖（Plato）對於「有形和無形」的看法和中國古代「陰陽的觀念」（孫全文、陳其澎，1985），都是二元性的思想代表。

惟所謂的「二元雙向性」在創作上，是以兩股相對的力量為基礎，但彼此雖是相對，也必須具備美學關係中的自然調和，二元的顯現、調和、相對而不排斥，是其二元存在的美學策略，這也是海報設計中最簡單的格式之一（施令紅，2003）。更具體而言，是其具體存在「單一性」與「多數性」之兩面，即單一性是指存在於宇宙範疇的基本性質，如元素、細胞、基因等，而多數性是指在物質層面有著不同元素及構成要素新組合而成的範疇。二元、雙向的概念常出現於各種哲學、藝術、信仰的系統概念之中，當然更是設計師從事設計創作時常見而簡單實用的法則（趙惠玲，2005）。

（二）索緒爾的符號學二元對立

索緒爾提出二元對立的語言學系統，經前人之研究整理成以下三種符號的法則。

1 符旨與符徵（signified and signifier）

索緒爾認為符號是符旨與符徵的組合（Saussure, 1966）。所以當口說時，聲像（sound image）就是符徵，心智的觀念（mental concept）就是所要傳達的符旨（施令紅，2003；姚村雄、陳俊宏、邱上嘉，2008）。

2 毗鄰軸與系譜軸（syntagm and paradigm）

毗鄰軸的毗鄰表示組合析取（syntagmatic）的關係，和位置（positioning）有關。在語言系統中，句子是由一群「互動符徵」有秩序的排列組合，讓文字產生整體的意義。索緒爾有時稱其為「鏈」，這些組合是根據造句的規則，和一些約定成俗的習慣所組合而成的，因此可以說「句子就是一種毗鄰軸」。

系譜軸的系譜表示聚合析取（paradigmatic）的關係，與取代性（substitution）有關。在語言學中，名詞、動詞或形容詞都是詞性的系譜軸，此外比如鏡頭的放大縮小、淡入淡出，這些影像中常見的鏡頭變換，它也是系譜軸。另外視覺設計、服裝設計、各種設計領域的造形、色彩、質感等變化，也是系譜軸的一種。在語言系統裡，字彙是系譜軸，句子就是毗鄰軸（Chandler, 2001；施令紅，2003）。

3 外延與內含（denotation and connotation）

外延指的是一個符號在定義上、文字上明顯或常識性的意義。在

語言學上，外延的定義就是一般字典上所提供的解釋意義。當在視覺設計上，如果所有的觀眾，無論來自任何文化或任何時間，都可能認識該圖像的描述意義，證明此意義就是此圖像的外延。內含指的是符號的社會、文化和個人的聯想（包括意識形態、情緒等）（Chandler, 2001；施令紅，2003）。

三　研究方法

按前述文獻探討發現，視覺傳達的符號學觀點有助於探討設計作品、形式背後重要的內涵結構，且能深入挖掘設計者的意識與詮釋狀態（Barthes, 1992 & 1998），另有關作品的美感形式研究，其也是設計者重要的表達方式，故本研究以設計專家參與專家法的評析，整理出設計元素美感的呈現意義，本研究發法將以上述三個方向：「視覺傳達的符號學觀點」、「視覺傳達的美學觀點」與「專家法」，進行個案「Posters without Borders」展覽作品的二元性研究。

（一）視覺傳達的符號學觀點

本研究以索緒爾符號學中的二元性研究出發，了解二元雙向對立的觀念，如陰／陽、好／壞、善／惡等，二元對立的表達，以至於在設計的角度，轉變為二元性的色彩，如明／暗、深／淺、黃／藍之對比色等，也容易出現在切割畫面，以一線之隔來刻畫，現實／夢想、合法／非法等對立的關係。對照於前人研究索緒爾符號二元對立的符號法則，本作品是否能如實反映「符旨與符徵」、「毗鄰軸與系譜軸」、「外延與內含」，後續將以「Posters without Borders」之作品來解析。

（二）視覺傳達的美學觀點

　　為完成以索緒爾的符號學觀點來解析視覺設計作品的主題與二元性脈絡，除使用符號學法則來辨析外，一個設計作品的美感法則，也在說明設計者傳達意識的做法與想法，所以本研究在執行作品分析時，也從重要而多元的美感因子「色彩」、「造形（包含元素、形態）」、「材質」進行檢視。

　　另外還是一項是綜合上述「符號學」與「美學」觀點的內容指向分析因素，是作品的「書寫文字的內容意涵」，可泛稱為「字體（含文字內容）」，它是理解內容最直接指涉內容的語言文字視覺傳達。

　　故綜合以上專家法所要分析的作品因素為「符旨與符徵」、「毗鄰軸與系譜軸」、「外延與內含」、「色彩」、「造形」、「材質」「字體」，共七項研究因子。

（三）專家法

　　在研究方法中，專家法是一種專業人士共同評論同一件作品，來綜合取得作品背後的多元表達含意的方法，本研究整理符號學與美學理論，完成同上共七項的研究因子，作為提供予專家一個共同的評論介質，從中以不同專家的看法，整理出一套最有理論基礎與深度的研究結果，提供予視覺與符號有興趣之閱讀與研究者，做為切入作品時的研究依據。

　　本研究共邀集三位設計跨領域專家所組成，專家A為視覺傳達設計專家，也是國際海報設計組織的重要代表，專家B為空間設計專業，也是仿生設計的跨領域專業人士，專家C是媒體與展示設計的專家，也是商品設計的專業者，以上三位另有兩項共同的專業為跨領域設計，也是設計教育的執行與資深教師。此組合將有利於從跨領域與

多重視覺設計的觀點來深入淺出歸整作品的符號化因子，與因子背後多元的代表涵義，在待專家的各自回應後，在綜合成為邊界主題之二元性研究結果。

四　研究結果

本展有近三十多幅，與三位專家討論結果，選擇出有共通性、代表性的八幅作品，以具「邊界」內涵為範型，且印證符號學美學二元性作品，試將此四範型分析如下：

（一）對比性

在 Pekka Loiri 是芬蘭拉赫第國際海報雙年展創始人之一（圖2a），Yossi Lemel 任教於以色列耶路撒冷的藝術與設計研究中心（圖2b）（powderzine 網站，2015年5月1日查詢），兩圖同時揭示雙、二元性，從對比、明暗色彩可見，雙人，倒影（圖2a）或剪紙的內外人形，清楚可見同樣形態的不同二者，在敘述正當與邊緣，即有無邊界的人，也顯示內外再或潛意識的反思（圖2b）。因以二者的對立性表達符徵，更容易讓觀者與作者互相進行內在潛意識的邊界符旨對話。

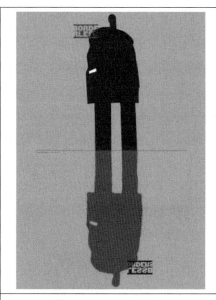

圖 2a Pekka Loiri	圖 2b Yossi Lemel
一分為二 雙、二的概念 一正一反 亮彩與無彩 少邊界與無邊界	一分為二 雙人 一實一虛 外在與內在 表象與真實 移民的問題 非法合法 種族問題 無彩色 同一人，剪紙，兩部分 身分的改變，外勞

（二）本質性

　　兩幅作品都在探討移民的問題，他們是自願還是被動，移民後的生活，是去負擔勞力給較為先進的國家人民增加生產力，Luba Lukova

（圖3a）和 Frank Arbelo（圖3b），前者來自美國，參與多種組織，也曾幫多家大型企業 Sony music、Canon 工作，後者是玻利維亞的平面設計工作者，曾多次獲得國際海報設計展的邀請（powderzine 網站，2015年5月1日查詢）。從作品中可見符號學的外延與內含應用，其圖像中的文字清楚呈現一般人對本圖像中主角——移民者在為他人勞力工作中的表白，此屬外延可視的部分，而圖像上主體的表情動作，又代表內含的意識形態、反思、更多需要探討的本質性移民社會議題。

圖3a　Luba Lukova	圖3b　Frank Arbelo
工作狀態的人，他在執行我們的工作 版畫的樸拙線條，鄉土感 濁色，顯示內在的混亂 文字的隨意性，更真實感，更有人味 面無表情的工作中 茫然、疑惑 移民與外勞的問題	工作狀態的人，掃除邊界，這不是某人的功勞 手上彩的樸拙感 濁色，顯示內在的混亂 文字的對比色，邊界與他者之互為對比 愁苦的工作中狀態 可掃除掉邊界嗎 移民與外勞的問題

（三）動態性

　　兩位 Posters without Borders 的創辦人 Eric Boelts（圖4a）與 Erin Wright（圖4b），均從事教職，也是海報設計的佼佼者（powderzine 網站，2015年5月1日查詢），參與第一屆 Posters without Borders 展覽的作品，有志一同的選擇動態的、鮮明的紅與黑與基調，將本移民問題的定位清楚，它既存在於各國界，當過渡或到達一定程度的混亂時，又造成許多國家想甩開移民者的手段，正如符號中的毗鄰軸的定位清晰，與系譜軸的詞態，有主詞、動詞、名詞等，相對於圖像表達的主詞是狗、行進的人，動詞的甩去跳蚤（小人）、噴漆等，圖像中的元素、配色與技法等，都形同句子一般的文法模式。

圖4a　Eric Boelts	圖4b　Erin Wright
雙重的字語，移民是不能避免的 宣示明示的文字 事實存在，卻也是社會的問題 寄生或甩開	雙重的字語，歡迎或不歡迎 兩種字體，禁止、破壞、噴漆的躁動感 事實存在，卻也是社會的問題

狗代表主體，也是地區	當負面態度持續增溫時
甩開的小人是存在的，也是有害的	認同移動、邊界應該存在嗎
動態的	動態的
感性的	感性的
隱喻的	直喻的
移民已成為自然的現象	反思的
	是進還是出

（四）宣示性

　　Phil Risbeck（圖5a）是克羅拉多國際海報邀請展創辦人之一，Antonio Castro（圖5b）是 Posters without Borders 的創辦人（powderzine 網站，2015年5月1日查詢），兩位海報設計大師與展覽的策畫，在作品中除以文字（圖5a）或老鷹、高牆、落日等具象的元素，代表邊界現況（圖5b），元素起到直接表達符旨與符徵的方法，似乎意圖將符旨大聲的宣示出來，所以在色彩、符號（形態元素）、線條，都直接而剛性，代表應正是邊界問題，有合法明確的法律約定。另也用到毗鄰軸與系譜軸的觀念，以毗鄰軸將老鷹、高牆、落日等的句型連結（圖5b），和像大聲公一般「將它合法化」呼喊出來，即是系譜軸的漸變效果。

圖5a　Phil Risbeck	圖5b　Antonio Castro
高彩度色	彩度與無色排列
同一文字元素，由內向外排列，明確的編排	元素排列，增進元素的閱讀，明確的編排
文字由小變大的迴聲	切割軸線
口號，變成合法化	口號，健全邊界的安全安定
重要性、肯定性	老鷹監視者
陽剛性	圍牆是邊界安全警戒
規範性、政策性宣示	日落的、邊緣的隱喻

五　結論與建議

　　從作品的分析對照符號學與美學理論，此海報的主題邊界，在二元性研究可更清楚歸納為四種範型：對比、本質、動態、宣示。此四種邊界議題的範型研究可提供為相關未來邊界設計的參考，也證明在視覺傳達設計，符號學中的二元性是可作為研究分析作品的有效工

具，一個「邊界」的二元性研究得出海報中存在視覺創作設計的深度
研究，且成果也確實能為視覺設計研究理論與實務得到深刻的應證
效果。

惟本研究仍有許多有待改善之處，期提供有興趣邊界議題、或視
覺傳達設計、符號學有興趣的研究者後續繼續深入研究。

（一）研究方法的增進

本研究為探討視覺設計作品的傳達意涵，故選擇以符號學之二元
性進行研究，以三位設計專家共同針對符號學法則來歸納作品的特
色，最終雖提出四種符號表現的基礎形態，在研究規畫上因時間不夠
充分，未來可調整以下幾種研究方式，更能提供研究結果信效度。

新增研究方法：目前使用索緒爾符號學的二元性，未來可增加符
號學家皮爾斯（Charles Sanders Peirce）提出之三元組合關係，即表
現體、對象與詮釋體三者的關係。尤其擴大至傳達對象－觀眾端，與
詮釋體－設計者端，更多角色的傳達互動研究，對作品的內容可做更
深入的分析。

專家人數增加：本研究僅三位設計專家之諮詢，未來在專家領域
上、或人數上可以更擴大，以多徵詢更多專家對作品的看法，更增加
研究的深度。

進行觀眾問卷：本次無觀眾的介入討論，惟視覺傳達作品，應更
深入於觀眾的接收感知，故未來可進行觀眾訪談與問卷調查，以期對
一般大眾對作品的閱讀角度理解，另也擴大多元文化觀眾對作品的解
析，預期不同文化國度應有不同理解，可幫助設計者在執行國際設計
上的看法。

作品數量多：本次從三十餘件參展作品中，由專家挑選出僅主要
分析八件作品，未來可更納入多件數、多屆作品來分析，將更具研究

解析的挑戰性，也提供有興趣的閱讀研究者，對研究成果的評斷更具
公信力，另可從研究中閱覽更多國際設計作品，提升研究與設計的
深度。

（二）臺灣與國際邊界展覽的國際推廣

　　Posters without Borders 國際海報設計展雖然才剛起步，今年即將
辦理第二屆，主題仍延續邊界議題，但以選舉、權力，偏向法律與人
權為主題的探討，同樣邀請世界各地重要的海報設計人士參與，大會
人士也很期待有更多臺灣優秀的海報作品加入，更期待有機會將作品
在臺灣展覽呈現，世界各地的設計師齊聚臺灣發表其設計理念，期待
視覺設計的作品與研究能同步進展，使臺灣有更多與國際的接觸與
發表。

參考文獻

Barthes, R., 董學文、王葵譯　符號學美學（*Elements of semiology*）
　　　臺北市：商鼎文化出版社（原作1968年出版）　1992年

Barthes, R., 敖軍譯　流行體系（一）：符號學與服飾符碼（*Systéme de la mode*）　臺北市：桂冠圖書公司（原作1967年出版）
　　　1998年

Chandler, D. (2001). Semiotics: The basics. London: Routledge.

Saussure, F. (1966). Course in general linguistics. New York: McGraw-Hill.

林品章、張照聆　圖像傳達系統化之理論基礎　設計學研究　第12卷
　　　第2期　2009年　頁45-68

姚村雄、陳俊宏、邱上嘉　日治時期美術設計的「臺灣圖像」符號分析　設計學報　第13卷第2期　2008年　頁69-87

施令紅　城市沉思：視覺傳設計的符號操作研究　新北市：大計文化
　　　公司　2003年

孫全文、陳其澎　建築與記號　臺北市：明文出版社　1985年

趙惠玲　視覺文化與藝術教育　臺北市：師大書苑　2005年

graphicart-news，http://www.graphicart-news.com/posters-without-borders/
　　　#.VVbbAWcw-AU，2015年5月1日。

posterposter，http://www.posterposter.org/about/，2015年5月1日。

powderzine，http://www.powderzine.com/node/251，2015年5月1日。

新媒體在閱讀素養翻轉教學的創新應用

黃雲龍、魏欣怡、施欣怡*

摘要

隨著網路服務創新，數位匯流（Digital Convergence）促成新興媒體的發展與實踐，創造了一個使用者可以自由自主、主動參與、社群經營、共筆創作的集體智慧，以及多媒體影音的傳播效果。特別是網路社群與雲端服務的創新，促成各種知識分享擴散，大量網路內容的創作，使得數位策展人（Digital Curator）的推薦與策展（Curation）成為新興的王道。

本研究透過個案分析，分別探討新興的翻轉教學平台，以及重要的網路內容策展個案，包括可汗學院（Khan Academy）與均一教育平台（http://www.junyiacademy.org/）的實踐經驗，YouTube Campus（https://www.youtube.com/education），VoiceTube（https://tw.voicetube.com/?ref=logo），以及臺灣數位學習科技的最新平台（http://u.camdemy.com）。嘗試探索新媒體在閱讀素養翻轉教學創新應用的可行途徑，以

---

* 黃雲龍，國立體育大學休閒產業經營系副教授。魏欣怡，桃園市大埔國小教師。施欣怡，新北市林口國小教師。

及如何培育教師成為新媒體融入教學現場的專業發展重要議題。

關鍵詞：新媒體、翻轉教學、數位策展、閱讀素養、教師專業發展

一 數位匯流與數位策展的趨勢

隨著網路服務的創新，數位匯流（Digital Convergence）促成新興媒體的發展，各種 web2.0的應用概念快速的演進與實踐，創造了一個使用者可以自由自主、主動參與、社群經營、共筆創作的集體智慧，以及多媒體影音的傳播效果。

例如，目前全球最大的影音平台 YouTube，跨越時間和空間上的限制，促成全世界使用者的瀏覽、互動與社群傳播。Google 行銷長 Simon Kahn 表示，YouTube 每個月有十億用戶，占了近四成的上網人口，而每個月被觀賞的影片長度為六十億小時（何英煒，2014）。而且在雲端服務的趨勢下，不論是使用電腦或是行動裝置，人們 YouTube 觀賞視頻的頻率也越來越多。

YouTube 自二〇〇九年與教育機構合作，推出 YouTube EDU，可讓學習者及教育工作者一起加入全球性的影片教室。在 YouTube EDU 中，可以取得內容廣泛的教育影片，無論是學術講座還是勵志演講，應有盡有（YouTube, 2009；施欣怡和黃雲龍，2015）。

過去內容至上（Content is King）的網站設計原則，在資訊爆炸的時代，已經逐漸的轉型為策展王道（Curation is the King of Kings）。特別是網路社群與雲端服務的創新，促成各種知識分享擴散，大量網路內容的創作，使得數位策展人（Digital Curator）的推薦與策展（Curation）成為新興的王道（黃貝玲，2012；Herther, 2012）。

Curation（策展）來自拉丁文的 cura，有保存、保護（care）之意。最早使用於藝術及設計界，指的是一個藝術展覽活動的規畫及推動。但自二〇〇三年起 web 2.0 網路應用，開始以雙向「上傳」、「分享」為主，將網站視為「提供各式服務的平台」；使用者居核心位置，透過參與互動貢獻價值，豐富平台資源（許文宜，2013）。

　　何飛鵬（2012）於佐佐木俊尚《策展的時代》的書序中倡議，策展就是 content＋3C，curation=content＋context＋comment＋conclusion。把一個訊息，賦予關係、提出看法、並說出結論，這就是策展。當數位時代來臨，從傳統文化策展的意義衍生出數位策展（Digital Curation）的新概念與實務，任何在網路上發起的行動，都是策展的開始，策展已經成為網路世界的新全民運動。本文所指策展，亦即從網路中篩選、規畫及展示符合學生學習階段的學習內容，以期達到教育的功能（施欣怡和黃雲龍，2015）。

　　二〇一二年五月二十三日中午，我到政大參加一個演講：提升外語聽說能力，臺大外文系張嘉倩老師展示一次成功的教育策展（http://flc.nccu.edu.tw/index.php?view=read&nid=370）。相對於過去三十年前的學習經驗，第一次體驗很棒的英文網路資源與訓練聽力與口語的實踐方法。透過跟述（Shadowing）、回音法（Echo methods）、摘要（Summary）與 Q&A 的演練，分別配合 CNN student news（http://edition.cnn.com/studentnews/index.html），BBC six-minute English（http://www.bbc.co.uk/worldservice/learningenglish/general/sixminute/），ABC behind the news（http://www.abc.net.au/btn/story/s3507210.htm），還有 TED，youtube 等很多有特色的英文學習網路資源，充分運用在提升外語聽說能力的學習。

　　因此本文透過個案分析，分別探討新興的**翻轉教學平台**，包括可汗學院（Khan Academy）的實踐經驗，YouTube Campus（https://www.youtube.com/education），VoiceTube（https://tw.voicetube.com/?ref=logo），以及臺灣數位學習科技的最新平台（http://u.camdemy.com）。嘗試探索新媒體在閱讀素養翻轉教學創新應用的可行途徑，以及如何培育教師成為新媒體融入教學現場的專業發展重要議題。

二 Youtube 新媒體影音的教學應用

　　YouTube 自二〇〇五年起快速發展，網站上有各種分類的影音可供瀏覽，而且有越來越多教師在教學中也使用 YouTube 影片。YouTube 是一個高流量新媒體廣播平台、多媒體資源庫，也是一個社群網站。YouTube 的成功來自於素人創作 UGC（User-generated content）的龐大力量（Burgess, 2009）。因此，集體智慧創作是 YouTube 最大特點。

　　隨著教育與商業機構投入創作與分享，線上影音品質提升，YouTube 成為很好的教學資源，教師可以利用這些網路資源融入學生學習活動。教師和學生所能得到回饋將不再受限於教室中，而是能與來自全世界的同儕互動。原本學生只是資訊的消費者，但在 Web2.0 中，學生經由分享、合作、溝通，也能成為資訊的貢獻者。

　　本文整理幾篇運用 YouTube 教學的研究（如表一），可知運用 YouTube 教學的優勢。

表一　運用 YouTube 教學之相關研究

研究者	研究主題	研究對象/研究設計	研究結果
Jenkins (2007)	From YouTube to YounNiversity	大學生	提供大學以及高等教育的學習資源，並且涵蓋更多領域與學科，讓學習者能夠取得更多元、跨國家以及更生動的學習資源。使用YouTube學習英語有以下好處：一、有趣的、二、有關的、三、有益的。
Paul Cameron (2008)	Web-Enhanced Learning With	大學生/問卷調查	多數學生喜歡於課堂中使用網路，特別是使用YouTube網

研究者	研究主題	研究對象/ 研究設計	研究結果
	Youtube		站，他們認為這有助於發展英語能力及獲取音樂知識。
Burke＆Snyder (2009)	An assessment of faculty usage of YouTube as a teaching resource	大學師生/ 網路量化統計	有超過七成（73%）的學生表示教師應該利用YouTube等平台所提供的影片豐富其教學內容。而近九成（89%）學生表示在課堂中觀看線上影片的確能夠增進其學習經驗。
Kelsen(2009)	Teaching EFL to the iGeneration: A survey of using YouTube as supplementary material with college EFL students in Taiwan	大學生/ 實驗法	絕大多數學生（96.8%）都認為課堂中使用YouTube是有趣的（平均分數為3.92分），同時更有高達93.6%的學生覺得YouTube補充教材可幫助其學習英文（平均分數3.82分）。
Mei-Ling Lin(2012)	Applications of Web 2.0 in English Education and Motivating Students with English Songs	大學生/ 行動研究	英語教學結合Web2.0技術，能激勵學生的專注力、參與度和課堂互動性，使學生學習英語更有效率。

資料來源：整理自施欣怡和黃雲龍（2015）。

三 翻轉教室的未來教育

翻轉教室（Flipped Classroom）是指將課堂「知識講授」和學生回家練習「作業」的順序對調（田美雲，2013）。在翻轉教室的教學

實務中，老師預先錄製數位教材，或準備好適合學習主題的教育策展和學習引導。學生先在家中預習課堂中所要習得的知識，於課堂上和同學與老師進行對話與討論，透過彼此間的合作學習模式（Bergmann & Sams, 2012），讓學生在教室中彼此互動、互助，深化所要學習的內容，同時提高學習的興趣與成效（何琦瑜、賓靜蓀、陳雅慧、親子天下雜誌編輯部，2013）。

過去，許多教師也在班上進行過類似翻轉教室的模式，但是學生回家預習的內容往往是枯燥無味的課本或講義，除了知識內容受限於紙本，無法提供適量及豐富多元的訊息之外，更無法充分引起學生的興趣，雲端教育、行動學習（mobile learning）與翻轉教室的整合學習，將成為一種新興教與學的典範。

目前翻轉教室的實踐途徑很多，許多教師紛紛採用「翻轉」的概念來取代過去的傳統教學，顛覆教師講學生聽的傳統教學模式，讓學生成為教室主角，老師扮演知識的媒介，引領上課學生化被動為主動，進而產生自主學習的樂趣（何琦瑜、賓靜蓀、陳雅慧、林韋萱、張益勤、王韻齡，2014）。

翻轉教室最佳的推手就是「Khan 學院 （Khan Academy）」的創辦人──Salman Khan。當時人在美國讀書及工作的 Khan 為了解決親戚小孩的數學問題，將解題過程及教學內容錄下來放到 YouTube，讓他們能不受時空影響進行學習。

今日的「Khan 學院」有豐富的的內容與學科、很好的學習主題分類與學習單元設計，以及充分的學習者數位歷程檔案記錄，已成為教育科技與新媒體應用在翻轉教室的最佳實務案例。可汗學院（Khan Academy）的實踐經驗，Salman Khan 在 TED 演講談未來教育的創新模式，http://www.ted.com/talks/view/lang/zh-cn//id/1090，請參閱影片時間軸11:51-13:20的段落，可以理解翻轉教室的優勢。

　　吳惠花、林孟君、黃雲龍、孫劍秋（2014）的共同研究提出，在有充分的線上學習資源提供自主學習，適當的線上評量題庫，加上學習效能的服務分析（歷程檔案），可以充分掌握學習者在哪些學習主題是精熟，哪些主題或概念遇到困難。因此課堂上不管是讓同儕輔導交流，或教師提供教練輔導與回饋，都能適切的協助或支援。這就是很好的因材施教策略、同儕輔導與及時（Just in Time）回饋策略。

　　翻轉教育的實施特點在於：學習流程的翻轉以及教學角色的翻轉（黃富昌、許世文、謝易勳、邱奕舜、詹喬崴，2013）。如何一翻轉就成功，《e 學校新聞》提供了幫助教師「翻轉教室」一翻就上手的四原則（李岳霞，2013；引自魏欣怡，2015）：

　　一、選擇十五分內就能講解完畢的主題單元

　　翻轉教室教學法適用於學生能自行理解的題目。老師可事先整理好能讓學生一看就懂的影片或資料，重質不重量。

　　二、清楚規畫好課堂上的討論與活動時間

　　像教練設計球局給學生打一樣，而不是放任學生自行討論或自修。

　　三、不要每一堂課都翻轉

　　因這不是唯一的教學法。一開始可嘗試不同的科目每週翻轉一堂課就好。

　　四、為家裡沒有網路的學生設計備案

　　翻轉學習倚賴事先預習，若事前功課多需上網完成，老師需考慮到家中沒網路或電腦的學生，提供他們預習資料的替代方案。

四　新媒體教育策展的應用案例

　　本文以個案分析，分別探討新興媒體教育策展的翻轉教學實務，包括前述已討論的可汗學院，YouTube Campus，以下再以均一教育平

台（http://www.junyiacademy.org/），VoiceTube（https://tw.voicetube.com/?ref=logo），以及臺灣數位學習科技的最新平台（http://u.camdemy.com）為例。提出在閱讀素養教學創新應用的可行途徑與關鍵議題。

（一）均一教育平台

二〇一二年底，誠致教育基金會以風行全球的教學資源網站可汗學院（Khan Academy）為藍本，希望用「科技」提供每個人「均等、一流」的教育。基金會的願景與目標是透過雲端平台提供免費的「均等、一流」的教育機會給每一個人，如圖一所示（財團法人誠致教育基金會，2012）。

起初，均一教育平台以翻譯可汗學院中的數學影片為主，但是可汗學院以美國教育的文化脈絡為主，與華人學習有些隔閡，因此二〇一三年開始，均一教育平台開始錄製了本地的教學影片，同時積極向政府與民間組織尋求合作，希望越來越多老師加入錄製影片的行列，將專業的教育資源公有化。網站中也特別強調不管你是學生、老師、自學家庭、校長、二十年後想回去當學生的大人、或是對地球生物好奇的友善外星人，均一的課程內容與資源完全免費提供使用（財團法人誠致教育基金會，2012）。

目前均一教育平台的教學影片涵蓋國小至大一的數學，亦有生物、物理、化學等影片。學生有完整的個人化自學工具，可依照自己的學習步調進行學習，同時可有系統地找人幫忙，在任務過程中可展示自己的頁面、累積分數、徽章來表現成果。老師與家長端則能獲得詳細的學生學習歷程、即時的班級報告，同時透過清楚的資訊協助做個人輔導。

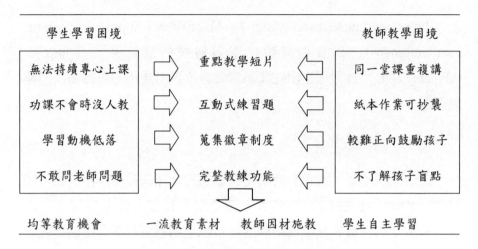

圖一 均一教育平台簡介及願景

資料來源：均一教育平台簡介影片

　　加上行動學習中所運用的行動載具近年來已成為一種趨勢，它結合了書包、電子書、電子閱讀器、多媒體電腦輔助教學、網路傳輸等功能，不僅能成為學生的學習輔助工具，對於教師來說，也是一項相當具有助益的教學媒體。透過行動載具，將老師們所要提供給學生在家自學的學習內容，能更加完整及有系統的提供給學生，讓學生的學習不受時間與空間的限制。學生可以根據自己的理解程度，反覆觀看學習的內容，教師則可利用此資訊，掌握學生觀看的歷程，進而了解學生學習可能遇到困難的地方，學生帶著問題進到教室，教師則是在課堂中透過問題與引導，讓學生透過實作、討論與分享，進而獲得解決問題的能力（引自魏欣怡，2015）。

（二）VoiceTube

　　目前臺灣最大的看影片學英文社群「VoiceTube」，成立一年多，

已有七萬名會員累積出二百五十萬次的影片點閱數，App 下載量達十四萬（數位時代，2014）。

　　這個從英文學習出發的服務，其實來自創辦人詹益維的親身經歷。現有的學習服務不能慢慢查字典，也不能重複聽讀，有時也不見得是自己喜歡的內容。於是他發揮工程師性格，善用 YouTube 本身就有提供英文字幕的特點，做出看 YouTube 學英文的網站，在二〇一三年一月推出。看到使用者需求後，才讓他決定將 VoiceTube 發展成正職事業，辭去外商工作，開始第二次創業。

　　詹益維將 YouTube 影片和英文聽力、口說做了高度整合。像是影片以多益和全民英檢難度分級，每人根據程度不同選擇適合影片。看影片時可開啟或關閉字幕，也可點選單句重複播放，直到聽懂句子為止。如果覺得速度太快，還可調節放慢速度。遇到不認識的單字時，直接點擊字幕就會出現單字解釋，再收藏至個人單字庫裡，事後搭配單字測驗，加強記憶。

　　VoiceTube 的錄音功能，則讓使用者錄下發音，再與影片比對是否相同。未來還打算加入語音辨識功能，系統即時給分，準確點出哪個字發音不正確，改善口說能力。

　　VoiceTube 最大特色在於，只要是有英文字幕的 YouTube 影片，使用者全都能自由上傳到網站上。在七千多部影片中，超過五千部都是使用者自發上傳，團隊會優先針對熱門影片翻譯中文字幕，目前共有二千部影片有中英字幕。

圖二　抄筆記總是手忙腳亂？三招教你如何做好筆記！

資料來源: https://tw.voicetube.com/videos/18711?ref=embed-title

　　以圖二為例，VoiceTube 並不是自製影片，它只是善用網路策展資源：How to Take Great Notes（https://youtu.be/UAhRf3U50lM），來自於 WELLCAST 的策展頻道，他們的策展宗旨如下：In this twice-a-week show, we explore the physical, mental and emotional paths to wellness. With an emphasis on education, the show addresses both the latest trends and long-standing practices of wellness—everything from the efficacy of the gratitude experiment to the importance of sunshine and vitamin D......。

　　VoiceTube 在精選頻道有很多影片頻道的策展，可以提升英語口說的學習資源，例如 BBC 學英文，CNN Student News，TED Talk。特別是 TED 在二○一二年推出了教育頻道 TED-Ed （TED Education），

富有教育意義的主題化為簡短生動的動畫影片！另外 VoiceTube 還有康軒、南一英語教材，熱門與經典電影片段，裡面的影片皆不超過十分鐘，學英文之外還能吸收新知！

（三）U.Camdemy 的整合學習服務

　　最後推薦臺灣數位學習科技的最新平台（http://u.camdemy.com）為例。根據個人在數位學習的十二年投入，不斷尋求開放軟體與整合的學習服務平台，U.Camdemy 實現了個人對於快速數位內容製作、多媒體文件管理，隨時學隨處學，教育雲端策展，翻轉教室應用，數位學習歷程檔案記錄，多元及時回饋與雙向互動……等理想的整合服務願景。

　　U.Camdemy 具備簡單直覺的線上教室設計，完整的學習記錄與分析，實現「因材施教」的教育夢想 http://tw.formosasoft.com/cpage/ee-class_features，平台功能包括以下各項重要特色。

　　（1）善用網路資源，全世界都是你的教材庫。只要貼上網址，Youtube, Wikipedia, TED,...。還可以為這些影片編輯重點索引。

　　（2）快速數位教材錄製工具，EverCam 免費下載運用，最早建立 Rapid eLearning 開放課程服務（Open Course Ware, http://powercam.cc/）的臺灣數位平台。

　　（3）建立影片測驗，只要在影片中插入一定要學會的重點當即時測驗，提供學生學習反思的回饋，掌握教學效率與效果。

　　（4）編輯重點整理，除了影片索引外，還可以整理出圖文並茂的重點，幫助學生更容易掌握關鍵。

　　（5）課堂即時回饋，課堂進行中，插入一段和教學內容有關的問題，掌握學生的理解程度，增進雙向互動，促進學生更專心上課。

　　（6）線上隨堂練習，在線上教材內設計隨堂練習，讓學生多多

練習，透過歷程檔案記錄統計，觀察學生練習的過程，提供進一步的輔導或協助。

（7）暫停影片播放，畫重點、寫筆記，簡單易用。提供學生每一段影片的重點、問題都轉換成一頁頁的擷圖與筆記，方便快速翻頁複習與分享。

（8）問題與重點的統計分佈，透過筆記的統計，哪裡有問題，哪裡是重點，一目瞭然，方便老師在適當的時機做補充或加強，也幫助學生快速複習同學整理的重點。

（9）FAQ 整理，教學多年，問來問去就是這些問題，逐步的整理，累積起來就是網路的智慧對話與超棒的知識庫。

在前述探討新媒體教育策展案例與翻轉教室的未來教育模式，我都可以在 U.Camdemy 找到相對應的實踐途徑（http://u.camdemy.com/course/10/intro）。目前也正在規畫進行教學行動研究。

五　翻轉教室典範移轉的關鍵議題

翻轉教室雖然目前蔚為潮流，卻仍許多問題需特別關注：

（一）教師需要花費更多額外的時間？

教師課前準備的教學影片，需額外時間錄製，教師要有能力將單元課程內容濃縮到十五分鐘內的二至三個短片講解。課內的教學活動設計必須與課外學習的錄影教學緊密連結，導出上課的學習動機和參與，才能構成一個統整而有效的教學（黃政傑，2014）。

在翻轉教室的新興典範下，學生如何在舊的學習典範思維中，移轉到新的學習典範。在新舊典範移轉的過程中，教師處於一個關鍵的促成角色，應該充分了解數位學習科技對於專業教師角色的衝擊與影

響，努力投入更多的線上教學的創新，並勇於面對新興科技的挑戰，致力於創新教學的轉型（吳惠花、林孟君、黃雲龍、孫劍秋，2014）。

（二）學生真的能課前預習？

翻轉教室最為人所詬病的，就是學生是否會完成課前預習，若學生無法在家中自主學習，則失去翻轉教室最大的意義，因此教師準備的教材內容需注意難易是否適中，同時應正向鼓勵學生進行課前預習，同時可設計互動式教材，讓學生更樂於自我學習。

因為閱讀是學習過程中相當重要的一部分，學習者常透過畫線標記重要主題與定義、寫筆記或摘要、歸納總結重要概念，用以增進輔助記憶、思考和理解文章的內容（江柏寬，楊亨利，2006）。所謂主動閱讀的學習行為包括：標記（highlighting）與筆記（note taking），而更精進的閱讀行為，包含用自己的語言重新改寫重要的概念，質疑提問與學習反思（Adler and Doren, 1972；引自郝明義和朱衣譯，2003；McFall, 2005）。

因此，教師面對新的教育潮流，需花更多的時間淬煉，從主導者轉變為輔助者的角色。而學生在新舊典範移轉的過程中，當然也會有適應的問題，若教師在過程中提供了適切支援與學習策略，以及典範適應的過程與訓練，而學生也能改變學習行為，學會如何學習的能力（meta competency），就是會用線上資源自主學習、充分了解自己的學習績效，會與同儕互動、會與老師互動，就能創造有效學習的情境（吳惠花、林孟君、黃雲龍、孫劍秋，2014）。

（三）閱讀素養創新教學的新興典範

閱讀理解是語文教學的核心，然閱讀教學成功的關鍵，實取決於教師能否善用文本教材、活化教學策略，掌握教學重點，透過評量的

歷程培養學生帶得走的能力。從目前國語文教學現場中觀察，老師們常會將許多時間運用在記憶與字句解釋的課程講授，反而需要統整討論、推論思辨與創造、評鑑的教學歷程，卻因為課堂時間錯置而限縮教師教學設計，也影響學生合作學習的機會。

尤其這幾年國際閱讀素養評量（PISA）在全世界形成一股風潮，它的評量歷程強調從表層理解（字詞）至深層分析（推論、比較），甚至是獨立思考與評鑑能力。有關閱讀素養的相關研究，不論是教學策略或是教學方法的研究主題也明顯提升，改變教師的上課模式，進而培養學生勇於表達與邏輯思辨的批判、評鑑能力（孫劍秋、林孟君、吳韻宇，2013）。

閱讀教學的目的在於提升學生的閱讀素養，在教的前提下應更需要的是讓學生有學的能力與方法。在閱讀學習歷程中，可分為認知能力（cognitive ability）與後設認知能力（meta cognitive ability），學生運用認知策略及閱讀策略來幫助自己達到認知的學習的目的，學生透過策略的學習了解自己理解以及可後設認知學習的過程。舉例來說，當學生在閱讀過程中欲了解有關文本的相關問題時，或自己試著回答問題時，便可運用提問、畫重點（highlighting）、找出主軸概念（identify main ideas）、自我檢視（self-checking）、澄清概念等策略（clarifying）（OECE, 2009），這也是目前國內閱讀教學策略中教師比較熟悉的閱讀教學策略（孫劍秋、林孟君，2013）。

（四）新舊典範移轉的整體思維

對於提升閱讀素養的現存典範，我們假設有一個當前最佳的實務（Best Practice），它不是唯一，而且也會持續演進。若依此典範實踐，可以提升閱讀素養。因此這個現存典範所涉及的技術、工具與方法，以及這個典範對於教師教學、學生學習、教材內容、承載媒介與

服務模式，可能有一個適配（Fit）的運作模式。

因此在未來的整合型學習環境的典範變遷時，也許是新興學習科技或是雲端科技導入，能夠在這個運作模式中，由專業教師扮演一個關鍵的促成角色，找到介入的機會，發現一些創新教學實踐的策略機會，讓現存典範轉型成新的典範，進而發展出一個新興的典範。而新興的典範如何有效的運作？就是未來研究的方向與特定範疇內的關鍵議題（吳惠花、林孟君、黃雲龍、孫劍秋，2014）。

參考文獻

田美雲　「翻轉教室」（Flipped Classroom）介紹　國立臺灣大學教學發展中心電子報。2015年1月6日　http://ctld.ntu.edu.tw/_epaper/news_detail.php?nid=452。

何英煒　YouTube 每日觀眾 年增5成，工商財經數位股份有限公司。引自 http://m.md.ctee.com.tw/blogcontent.aspx?id=5652&pa=eGZBF3mHw4LnPnvsWGns1cT5xj1pfHa7oc2FPHKb%2Bi8%3D　2014年

何飛鵬　何飛鵬專欄：策展人策展什麼？　數位時代　第223期　2012 年　頁62

何琦瑜、賓靜蓀、陳雅慧、林韋萱、張益勤、王韻齡　翻轉教育2.0　天下雜誌　2014年

何琦瑜、賓靜蓀、陳雅慧、親子天下雜誌編輯部　翻轉教育：未來的學習、未來的學校、未來的孩子　天下雜誌　2013年

李岳霞　四撇步，成功翻轉教室　親子天下雜誌　第44期　2015年2月2日，資料引自：http://www.parenting.com.tw/article/article.action?id=5048638

吳惠花、林孟君、黃雲龍、孫劍秋　發展線上閱讀素養創新教學的關鍵議題探討　語文教學與閱讀評量學術研討會論文　臺北市臺北市立大學　2014年

施欣怡、黃雲龍　新媒體教育策展的教學設計　2015全球華人探究學習創新應用大會　江南大學　2015年

財團法人誠致教育基金會　均一教育平台簡介　均一教育平台　2014
　　　年11月30日　http://www.junyiacademy.org/

許文宜　形構共有、共創、共享雲端：雲端策展內容優化之實踐模式
　　　初探　中華傳播學會2013年年會論文　2013年

黃貝玲　為什麼搜尋將被淘汰：在內容被淹沒的網路世界，策展才是
　　　王道　美商麥格羅・希爾　2012年

黃政傑　翻轉教室的理念、問題與展望　臺灣教育評論月刊　第3期
　　　2014　頁161-186

魏欣怡　行動學習與翻轉教室之行動研究　國立體育大學休閒產業經
　　　營系碩士論計畫書　2015年

數位時代　VoiceTube　集結7000部影片，磨出英語力　數位時代　第
　　　236期　2014年1月號　http://mag.nownews.com/article.php?
　　　mag=4-103-21221

ABC behind the news (2012) http://www.abc.net.au/btn/story/s3507210.
　　　htm

BBC six-minute English (2012) http://www.bbc.co.uk/worldservice/ learn
　　　ingenglish/general/sixminute/

Bergmann, Jonathan, & Sams, Aaron. (2012). *Flip your classroom : reach
　　　every student in every class every day.* Eugene: International
　　　Society for Technology in Education

Burgess, J. G., J. (2009). *YouTube: Online video and participatory culture*
　　　Cambridge: Polity Press.

Burke, S., Snyder, S., Rager, RC. (2009). An assessment of faculty usage
　　　of YouTube as a teaching resource. *The Internet Journal of
　　　Allied Health Sciences and Practice, 7*(1), 1-8.

CNN student news (2012). http://edition.cnn.com/studentnews/index.html.

Herther, N. (2012). Content Curaition: Quality judgement and the future of media and web search *Searcher, 20*(7), 30-41.

Kelsen, B. (2009). Teaching EFL to the iGeneration: A survey of using YouTube as supplementary material with college EFL students in Taiwan. *CALL-EJ Online, 10*(2).

VoiceTube, https://tw.voicetube.com/?ref=logo.Retrieved Apr 20, 2015.

YouTube. (2009). *YouTube EDU*, Retrieved Apr 20, 2015, from https://www.youtube.com/t/education; https://www.youtube.com/education。

新住民歌唱活動在華語教學與文化融合上之應用

郭妍伶、何淑蘋*

摘要

　　新住民泛指與本國籍人士結婚的外籍人士，他們長期居住在臺灣，除了生活所需的一切，還得適應當地文化與價值觀，故除了原本的母語外，必須接觸國語、臺語、客語等在這塊土地上通行的語言。例如一九九四年高雄美濃南洋姐妹會設立的第一個外籍新娘識字班，主要目的便是幫助外籍配偶融入在地生活。近年來，在臺新住民人數不斷攀升，使得其語言學習與環境適應問題日益受到重視。除了中央政府編訂各種教材輔助學習外，地方政府亦與學校合作，定期舉辦識字班或各類文化活動，促進新住民語言學習與文化適應。在各式多元活動中，歌唱活動因兼具語言學習及娛樂效果，故受到相當的喜愛與重視。本文擬以來自東南亞之新住民為研究對象，透過了解各地學校識字班課程安排、歌唱比賽舉辦情況、設計問卷統合分析，探討歌唱活動在華語教學與文化融合上的應用，及過程中出現的相關問題。經調查、整理後，得出三點結論：（一）目前各縣、市開辦識字班，部

---

*　郭妍伶，實踐大學應用中文系助理教授。何淑蘋，實踐大學應用中文系兼任講師。

分雖已達到成教、新住民班分立，然而更多的是因教材、經費、生員數及學員本身家庭因素等諸多原因，難以明確區別者。（二）歌唱活動不僅可作為課堂調劑，藉由生詞、語法、延伸問題及學習單等設計，也可作為教學輔助或發展成專業課程。（三）當前應用於華語教學的歌唱學習教材設計，仍有很大的發展空間。

關鍵詞：新住民、歌唱、華語教學、文化融合

一　前言

　　關於「新住民」之定義，內政部移民法將新住民界定為持有外僑居留證、永久居留證者，申請入境停留、居留及定居之新移民。而職訓局對於新住民的定義，係指尚未取得本國國民身分但獲准居留、永久居留或定居之外籍配偶（外國人與在中華民國境內設有戶籍之國民結婚者）及尚未取得本國國民身分者，但獲准依親居留、長期居留或定居之大陸地區配偶。（勞動局勞動力發展辭典）二〇一一年成立之「台灣新住民發展協會」則對「新住民」一詞解釋如下：一、指除移民工以外，預定或已經長期居住國內之非原本國籍公民。二、範圍包含所有本國公民之外籍與大陸、港、澳地區男女配偶，以及依我國移民法取得長期居留身分或身分證之原外籍人士（不含外勞、移民工）。三、「新住民」具有較為友善與包容的意義，與「原住民」成為歷史的連結。四、依我國法律規定，大陸及港澳地區配偶並不適用移民法規範，所以，「新移民」無法含攝其中，以「新住民」統稱較為適當。（劉書劭，2012）根據內政部移民署截至二〇一五年三月統計資料顯示，臺灣外籍配偶取得國籍人數（不含大陸、港、澳)者已達一六二四七〇人，其中女性占百分之九十點〇四，而外籍配偶原屬國籍主要有越南、泰國、菲律賓、柬埔寨、緬甸、馬來西亞、日本、韓國等，以來自東南亞最多，此一現象也引起民間團體、政府的注意，進而展開一系列識字教育、職涯輔導活動。

　　學習華語文對新住民而言應是第二語言習得，目前研究多以新住民原屬國別、區域或來臺後居住縣市為單位，如：《東南亞外籍新娘識字學習之研究》（林君諭，2003）、《識字與女性培力——以「外籍新娘識字班」為例》（釋自淳、夏曉鵑，2003）、〈我國外籍配偶學習需求與現況之研究〉（張菀珍、黃富順，2006）、《臺北縣國民小學辦

理外籍配偶識字教育之研究》（柯正峰，2004）、《桃園縣外籍配偶成人基本教育教材研究》（劉孟甄，2008）、《外籍配偶就讀成人補習識字班之培力探討》（周映寧，2008）、《新住民華語教學之研究──以臺北縣明志國小新住民識字專班為例》（劉竹瑗，2011）、《外籍新娘識字班對其生活適應之探究──以台南仁德國小識字班為例》（黃婉菱，2012）等。文章中多針對縣市所屬國中、小所設補校、成人教育班、外配識字班進行探討並提出改善建議。

　　至於歌唱活動對華語學習／教學之影響，綜觀全臺各大專院校及華語中心課程安排，可以發現有將唱歌學中文列為選修課者，也有定期舉辦中文歌唱比賽者。例如成功大學華語中心開設「唱歌學中文」（選修），多年來亦舉辦「華語歌 song 大賽」；臺北科技大學開設「開心唱歌學華語」，臺灣大學華語中心開設「唱歌學華語」，加東中文學校聯合會於二〇一一年主辦「唱歌認字學華語歌唱大賽」，鼓勵華裔或非華裔學生參加，希望藉由歌唱的輕鬆方式讓學生快樂學華語。二〇一二年澳洲坎培拉多元文化節，臺灣駐外單位以「看見臺灣（SEE Taiwan）」為主題，以「唱歌學華語（Learning Mandarin Through Singing）」為號召，邀請留學生組成樂團，現場演唱流行歌曲並教唱以此推廣臺灣文化（中華民國駐外單位聯合網站）。上述均是藉由歌唱活動輔助華語學習之證明。而歌唱對華語學習影響的相關研究目前則有《藉中文歌曲進行對外華語教學》（許志榮，2007）、《漢語歌曲在對外漢語教學中的應用》（韓瑜，2007）、《唱新歌學漢語》（王曉音，2007）、《歌唱教學應用於初級華語課程設計──以泰國 BCIS 小學為例》（劉秀枝，2009）、《歌唱教學融入初級華語教學之行動研究──以外籍配偶成人教育班學生為例》（李潮鋆，2011）、《初級成人華語歌曲教材設計》（葉明樺，2012）等。本文擬以來自東南亞、母語非華語之新住民為研究對象，透過了解各地學校識字班

課程安排、歌唱比賽舉辦情況、設計問卷統合分析，探討歌唱活動在華語教學與文化融合上的應用，及過程中出現的相關問題。

二　新住民在臺華語學習情況

　　新住民在臺生活，首先便面臨語言及生活適應問題，而大部分外籍配偶更需要與家人互動、溝通，甚至在工作場所論也極需具備簡單的中文能力，至於子女教養也是他／她們常要面對的考驗。有鑒於在臺新住民及其二代人數不斷增加，政府及學界也日益注意這個問題。許多報告、研究皆針對外籍配偶生活適應、識字教學、工作效能、子女教養等議題展開，如探討外配女性面對生活、文化差異的調適，在臺生活環境的友善程度，學習華語或到校上課的挑戰，家庭、夫妻相處情況，子女的華語／母語學習情況等。從上述研究論題可以發現，新住民在臺所遇到的困難，大多源於文化適應及溝通，而溯其根由，還是得回歸到語言學習層面。誠如這些研究調查指出，新住民家長往往因語言、文化的隔閡和子女產生溝通障礙，學業方面更無法提供幫助，使得子女不認同家長，同時也讓身為父／母者感到挫折，進而產生負面或較消極的情緒。

　　在臺新住民有些在來臺前已在母國有一至六個月學習華語的經驗，部分則是抵臺後才開始學習。然而他們往往同時兼具多重身分，既為人夫／妻，亦為人婿／媳，為人父／母，有時還是老闆／員工，因此學會在地通行的語言如華語、臺語、客語，對他們有正向幫助，也因此產生強烈需求。新住民在臺的生活、語言學習需求隨著時間及人數遞增漸漸被注意，來自民間的個人與團體率先起跑。例如夏曉娟長期關注高雄美濃地區新住民的需求與困境，於一九九四年推動高雄美濃南洋姐妹會設立第一個外籍新娘識字班，以幫助外籍配偶融入在

地生活。之後相繼有臺北市「天主教新事服務中心」、「賽珍珠基金會」、「社團法人臺灣亞洲女性移民權益促進會」，臺中縣東勢鎮「大茅埔社區媽媽教室」，及屏東縣的「東港天主教堂」等單位投入外配語言課程、生活訪視、諮詢等工作。這些來自民間的聲音及訴求，經過時間醞釀終於引起政府注意，立法院內政及民族委員會在一九九九年四月十二日召開會議時附帶決議：「內政部應積極規畫辦理外籍新娘生活適應及語文訓練，輔導其融入我國生活環境辦理並依外籍與大陸配偶照顧輔導措施辦理。目的為落實外籍配偶照顧輔導措施，提升其在臺生活適應能力，使能順利適應我國生活環境，共創多元文化社會，與國人組成美滿家庭，避免因適應不良所衍生之各種家庭與社會問題。」（內政部，「外籍配偶生活適應輔導實施計畫專案摘要」，2015）於是政府部門投入資源，補助地方縣市所屬國中、小開辦補校課程或成人教育識字專班、外籍配偶識字班。關於各地識字班的成立及使用教材，以下試分論之：

（一）學習據點

教育部於二〇一三年起編列一千五百萬元補助各縣市政府，在全國開設三九一個「外籍配偶成人基本教育班」，並預計將外籍配偶納入終身教育體系，期望透過教育促使外籍配偶融入整體社會生活，增進他們在臺灣社會的自信與自尊，如此更直接有助於其子女教育，避免淪於弱勢族群。（吳美菁，2004）而政府補助成立之識字班多設在地方國中、小學，以臺南市為例，筆者整理一〇四年臺南市外配識字班學習據點可知，臺南市境內共有四十四所國小設立「外籍配偶識字班」或「成人基本教育班」，另有一處學習點設於區公所，無論是外籍配偶專班或成人教育班，二者皆依學生程度分初、中、高級，此外，同時設有生活才藝輔導課程的學校有七所。據此可與政府歷年來

政策演進相互呼應。然而，試比較北、中、南縣市開設班別、課程內容，可歸納出一些現象：

第一、南部開設課程雖將外籍配偶與成人教育分立，但礙於生員人數有限、不穩定，故常見與成人教育併班學習的情況。從語言學習角度看，如此安排雖有助於學生交流，但對外籍配偶而言，華語是第二外語，和原本就已具備聽、說能力的成人大不相同，教師在授課時也會受到影響。（訪談教師Ａ）

第二、北部部分縣市開設課程，已將大陸配偶與其他國家外籍配偶分班，中南部外配數量雖高，卻還未能執行。在教學現場的教師雖然明白兩者學習目標不同，大陸配偶多數是希望在校學習注音符號輔助閱讀，聽、說能力對她們而言不構成問題，這也造成學生間學習進度落差，影響學習意願。

第三、全臺識字班平均每週上課二至三次，每次兩小時。而課程內容與以往相較，顯得更多元，例如有「新移民生活成長營」、「地方語言學習」（包含華語、臺語、客語）、「新住民原屬國母語」、「電腦班」、「多元文化課程」、「彩妝」、「新娘秘書培訓」等語言、文化或技術培訓課。較特別的是，雖然補校及外配班常見婆媳一同上課或攜帶年幼子女到教室的情況，但南部學校開設活動課程時，常標榜外配與家人共同學習，例如：「外籍配偶及其家人學習中餐丙級證照班技藝課程」、「外籍配偶及其家人學習各項禮品小物製作及烹飪技藝課程」、「外籍配偶及其家人學習臺灣風味小吃技藝課程」、「外籍配偶及其家人學習西點烘焙技藝課程」、「外籍配偶及其家人學習創意黏土技藝課程」等，這些課程安排強調家庭成員共同參與的概念，也反映了外籍配偶家庭的需求。

　　關於現今識字班教學成效與困境，筆者根據訪談識字班教師所述及在教學現場所見，輔以其他相關研究可得知：

　　第一、識字班除了讓外配的語言能力精進外，也是重要的人際網絡凝聚點。每週二至三次的固定上課時間以及學校課室，形成新住民與朋友相見、交換訊息的特殊場合。而且識字班聚集了來自不同國家的人，讓學員有機會認識新朋友，也促進跨國文化交流。部分外配識字班與成人教育合班，雖然彼此訴求與基礎能力不同，但同學間互動，無形間擴展了外配在臺的交友圈，強化信心與適應力，也促進臺灣學生對外配母國的認識。（訪談教師 A）

　　第二、學華語、識字有助於外配建立信心及規劃生涯。許多外籍配偶常受限於語言隔閡，影響了與家庭成員關係，或謀職時容易遭遇困難。但大學設立的語言中心收費用較高，時間也較少選擇，不若政府補助設立的識字班，幾乎免學費，且這些識字班設在地方國中、小學、區公所等地，往往就在外配住家附近，甚至其子女正就讀該校，對外配及其家人更具吸引力（訪談教師 B、C）。

　　自政府補助開設外籍配偶識字班迄今，在語言教學上仍存在許多改善空間，許多研究者紛紛提出建議，彙整各家意見大體如下：

　　第一、在政策方面：檢討修訂入籍法規，將基本語言能力納入審核，或採認證制度；考量外籍配偶大多需照顧家庭，應有完善的托育制度，使學習者無後顧之憂；補助弱勢家庭，使外籍配偶有更多機會參與學習；廣設學習機構，並規劃外配在臺灣之中、長期學習制度。

　　第二、在教學方面：培訓現職教師語言教學專業能力及多元文化認識；聘任學習優異之外籍配偶擔任講師或助教參與教學工作；適度開放、鼓勵學員配偶或家庭成員參與課程，增加凝聚力，並爭取支持。

　　第三、在教材方面：編纂能兼顧本土與異國文化之教材，體現多元文化，尊重差異；邀請學習成效優異之外籍配偶參與教材編輯工作；增訂輔助、補充教材，以利學習者自學；將教材由目前的基本生活語言，延伸至國中、高中程度，深化教學，亦有助於新住民及其子女教育成長。(柯正峰，2004；許明騰，2006；劉孟甄，2008)

　　以上所述乃綜合各家觀察所得，部分訴求現今已被落實，然而如嬰幼托育、廣設學習點、師資培訓、編修適用教材等，因牽涉經費、法規，尚待進一步發展。

(二) 教材

　　當前臺灣外籍配偶識字班上課使用教材，約可歸納為四種類型：

　　一、通過審定的國小國語課本，如康軒、翰林、南一等版本。

　　二、教育部委託新北市研發《外籍配偶成人基本教育教材——快樂學習新生活》，此係國內第一套外籍配偶識字教材，凡六冊，自二〇〇四年三月開始，至二〇〇六年三月編製完成。二〇一三、二〇一四年又據原有成人教育教材改編，陸續推出《外籍配偶成人基本識字雙語教材》，凡六冊，曾轉寫成越語、印尼語、泰語、柬埔寨語、菲律賓語。

　　三、各縣市政府自編教材。例如桃園縣於二〇〇二年出版《桃園縣國人外籍配偶基本教材——識字篇》、《桃園縣成人教育外籍新娘教材——生活適應篇》二冊，嘉義縣則有「嘉義媳婦識字專班教材——新 e 巧媳，心手相惜　溫心讀書情」，凡二冊。臺南縣曾於一九九八、二〇〇〇及二〇〇二年，各編列一套成人基本教育教材，每套十一冊。

　　四、成人補校教材。

　　上述四類教材中，以國小國語課本使用率最高，其次是教育部委

託出版教材，而各縣市近年來皆嘗試設計、推出帶有地方特色、符合民情之教材。惟目前教學現場仍是以教育部審定通過國小國語版本為主，輔以縣市政府自編教材，究其原因，或以為教育部編本部分內容舉例無法顯現其他縣市風土人情，而各縣市自編教材有些過難，有些卻偏易，使學習者學習意願降低。（訪談教師 A、C、D、E）

事實上，沒有一套教材能夠完美的含括所有教師及學習者的需求，只能盡量符合學習者的需求，而地方或個別的差異，還需要教學者針對學習者情況調整及補充。有鑑於當前外籍配偶識字班所用教材仍有改善、修訂空間，教師如何在現有材料中運用教學法提升學生學習興趣，增進語文、生活能力便成為十分重要的議題。

三 歌唱教學於華語教育之應用

第二語言學習對許多人而言是融入當地生活不可或缺的，語言教育發展至今已形成多種教學法，其中歌唱教學更是常被應用於外語學習及其他學科。音樂可以活化大腦，而歌曲包含歌詞、旋律、節奏三元素，是藉由聲音傳達出來的音樂。音樂本身具有節奏性、娛樂性、趣味性等特質，墨爾塞（J. Mursell）談論音樂對人的影響，主張：音樂是作用於人的，是為了提高人的生活而存在的輝煌事物。又提出：音樂像是連接社會和學校之間的鎖鍊，音樂是為學校和社會帶來活力的重要事物（林能杰、繆裴言、繆力，2006）。而臺灣音樂教育學者林朱彥（1996）、姚世澤（1997）則分別提出落實「音樂生活化，生活音樂化」之目標、「最終目標在於達成全民音樂教育」。音樂與教育、學習和生活的關係密不可分，而音樂教育的功能，也從最初的知識技能傳受，逐漸回歸到人的層面。郭聲健（2004）各國對音樂教育目標都曾做出定義，美國強調「開發人的潛能，提供創造和自我表現

並享受成功的機會；德國則認為「音樂面向每個學生，人的所有能力都必須得到發展」；日本則訂定「培養學生愛好音樂的情趣富的感受音樂的能力，陶冶高尚情操」；英國強調「發展學生對音樂的理解能力和欣賞能力」；俄羅斯強調「培養個性，促進智力發展」。因此音樂教育的目標關注點從「音樂」轉向「人」。（李潮鎣，2011，頁18）孔子曾云：「興於詩、立於禮、成於樂。」（《論語‧泰伯》）主張人的立身處世得自於詩、禮，樂則是成就、陶冶身心不可或缺的。

　　至於音樂和語言間的關聯性，美國當代作曲家葛布洛（Gaburo, Kenneth）提出「音樂即是語言，語言即是音樂。」對「音樂即是語言」這個看法，各國學者亦有主張：英國哲學家斯賓賽（Spencer, Herbert）指出「音樂的最初即是語言，是一種被美化了的語言。」德國指揮家華爾特（Walter, Bruno）則認為「音樂在本質上就是心靈的語言。」美國音樂教授麥奇麗斯（Machlis, Joseph）以為音樂當被稱作「感情的語言」。音樂與語言、情感之關聯如此密切，故德國音樂家卡爾‧奧福（Orff, Carl）主張「音樂的學習須由語言練習為前提，再引導到節奏與曲調的學習。」而匈牙利作曲家柯大宜（Kodaly, Zoltan）更主張「以歌唱教學為重心，採用生活周圍的民歌為教材，配以一些特殊的方法，期望音樂教育達到全民化、民族化的目標。」同時亦表明「歌唱也不能離開語言」。（李潮鎣，2011）而歌曲是被音樂化了的語言（林能杰、繆裴言、繆力，2006），歌曲教學可使人類處理語言的左腦和控制記憶、動作和感情的右腦連結起來（Maess&Koelsch，2001），達到全面學習的目標。因此，許多學科都出現試圖將音樂、歌唱結合該科知識內容，達到輔助學習的情況，更出現探討此現象之研究或教學設計。

四　歌唱活動在華語教學之應用與文化融合

　　廖乃雄（2005）指出，正因為「唱為心聲」，歌唱成為音樂教育和教學最好、最重要的手段。而在華語學習方面，歌曲輔助教學之用途約可歸納出以下幾點：（一）讓學生接觸真實語料，更快速地融入生活；（二）於指定教材外，補充語言／文化知識，歌唱音樂在本質上是語言和文字結合，或可謂詩與樂的結合，（曾瀚沛，1997）於是歌詞常能反映當代人的心情、民生及社會文化；（三）轉換課室氣氛，歌曲本身的娛樂性，往往能調節語言學習的疲乏感，舒緩學習者的緊張或挫折感；（四）歌唱活動可做為課前引起動機，以及課後複習的方式，相較於其他作業或練習，歌唱對於學習者往往是較輕鬆又具機動性的方式；（五）歌詞本身即可視為一種文本，可應用於聽、說、讀、寫。總前所述，歌唱學習無論在學習者生理、心理上都有正面意義，同時也能兼顧語言學習中發音、辭彙、語法和文化習得之目的。以下分論當前與歌唱學華語有關之教材，透過選曲、單元設計，觀察歌唱活動應用在華語教學的情況。

（一）當前教材選歌曲目、類型

　　目前歌唱活動在華語教學教材中，已從最初的輔助角色，發展出專書教材。此處取臺灣和中國發行之華語／漢語教材，分析其選歌及單元設計情況，以明發展脈絡。

　　臺灣地區華語教學教材使用率較高者目前仍為《新版實用視聽華語》及《遠東生活華語》。謹將單元中出現歌曲教學之內容臚列如下：

1 《新版實用視聽華語》第1-5冊（正中書局，臺北，2008）

冊別	單元	課名	歌曲名稱
一	第七課	你的法文念得真好聽	兩隻老虎
四	第一課	中國新年晚會	新年快樂
四	第七課	感情的事	那些日子以來
四	第七課	感情的事	天天天藍

〈兩隻老虎〉出現在第一冊第七課的課後綜合練習，歌曲解說僅簡單介紹歌曲為根據法國民謠改編的臺灣兒歌。至於〈新年快樂〉配合單元主題，也出現在課後綜合練習。〈那些日子以來〉、〈天天天藍〉則附在課後的「短文」單元。

2 《遠東生活華語》第1-3冊（遠東圖書公司，臺北，1999）

冊別	單元	課名	歌曲名稱
二	第八課	到酒館坐坐	少年的我
二	第八課	到酒館坐坐	青春舞曲

此系列教材中將歌曲〈少年的我〉、〈青春舞曲〉安排在第二冊第八課的課後練習「真實教材」單元下，標題為「兩首歌」，有生字、翻譯與問答題目。臺灣地區華語教學起步較早，但在這兩套主流教材中，歌唱活動僅扮演了輔助的角色。

大陸地區唱歌學漢語的教材目前有《跟我學漢語》（人民教育出版社，2004）、《唱新歌學漢語》（北京大學語言出版社，2007）、《聽歌學漢語》兩冊（世界圖書出版公司，2007）、《學唱中國歌》（北京大學出版社，2009）等。

比較兩岸教材情況，《實用視聽華語》、《遠東生活華語》編纂時

間較早，搭配課程主題選歌，與課程結合度高，但缺乏解說、生詞與練習，需仰賴教師自行設計、補充相關生詞、語法練習。《新版實用視聽華語》改版後增加較新的辭彙與對話情境，刪去已發生變化或不被接受的詞語和觀念，然而在歌唱這部分仍維持之前的形式。此外，各地識字班使用率最高的國小國語課本中也有許多與音樂、歌曲結合者，例如〈魯冰花〉（南一版六下第三課）便結合文章、歌詞、電影與茶園生態，然而這類例子在整體中仍屬少數，也不是專為語言學習設計。近年來臺灣投入教學法研究者也注意到這個情形，嘗試編寫以歌唱活動為主要學習方式，又能兼顧聽、說、讀、寫的實用教材。（許志榮，2007；劉秀枝，2009；葉明樺，2012）

　　至於對岸的漢語學習教材則可由選歌及單元設計看出發展脈絡，發行較早的《跟我學漢語》和《新版實用視聽華語》、《遠東生活華語》的模式相似，都是選歌搭配課程主題，除了「拼音歌」外，共收〈祝你生日快樂〉、〈茉莉花〉、〈掀起你的蓋頭來〉、〈洪湖水，浪打浪〉等十九首歌曲，置於「課後練習」，檢附拼音、翻譯，第三十六課之後則附有歌詞朗讀（許志榮，2007）。總體而言，《跟我學漢語》雖較晚出，搭配選歌數量較多，選材包括童謠、民歌、自編歌曲、流行歌曲，但模式還未突破前兩套書。後出的《唱新歌學漢語》、《聽歌學漢語》、《學唱中國歌》三本書都是以歌唱活動為學習漢語主軸，分別收錄十八、三十二、十九首歌謠，三本書各有特色，如《唱新歌學漢語》每首歌均附有作者及當時社會背景介紹，並附中英文對照，使學習者便於理解。而《聽歌學漢語》、《學唱中國歌》於每個單元下除了基本的生詞、運用語法點外，還附上許多課堂活動設計及課後練習。從兩岸教材的編寫設計，我們也可以發現歌唱活動在華語教學中由輔助走向專門的變化。

　　而從這些教材選擇歌曲類型來看，主要可以分為：童謠、民歌、

流行歌曲、作者自編歌曲四大類。童謠歌詞較簡單，適合初級學習者，但需視教學對象決定，以本文研究對象外籍配偶為例，許多學習者因接觸華語時間較短，加上親職需求，所以接受度較高。若學習時間較長，或一般成人學習者學習一段時間後，對於童謠的興趣便不若初學那麼興致高昂，所以選材時仍需留意。民歌保有比較多的民族文化特色和地方風情，形式簡單，內容多涉及日常生活，在教學時搭配文化課程或節慶也別有一番韻味，然而因其內容風格鮮明，樂調較質樸，對於年輕學習者而言，影響不似流行歌曲那麼大。現代歌曲是廣泛流通的通俗歌曲，較為多數聽眾接受，但流行歌曲通常具有一定生命週期，汰舊換新後不斷有歌曲出現與消失，且發音和用語常會因演唱者或作詞者產生問題，例如歌手發音錯誤或較含糊不清，或歌詞中大量使用特殊、新興辭彙如「踹共」、「女神」、「宅男」、「魯蛇」等，這些雖可以視為保存真實語料，但選材時還是必須留意。最後一種是教學者為輔助學習，視教學情況自編歌曲或改編歌詞，此情況在其他學科領域也時常可見。

（二）教學現場實際情況

筆者共訪談北、中、南具教授外籍配偶經驗的教師五位，新住民學員六位，回收問卷三十二份。根據訪談及問卷結果顯示，目前各縣市國小設立之「外籍配偶識字班」授課仍以小學課本為教材，且以識字為主要教學目標，透過歌唱活動學習語言則較少。歌唱及音樂歌曲，往往是在課間休息或學生練習寫作時成為休閒活動及背景聲音。但對照問卷回收結果顯示，新住民學生喜愛的學習方式，除了排名第一、二順位的「老師講解」、「看電影」外，便是「唱歌」；而覺得唱歌有助於學習中文者，主要認為透過聽歌、唱歌，可以增加學習中文的機會，且比較有趣、進步較快，也能學到比較實用的東西，有時還

能透過唱歌了解臺灣人喜好、認識新朋友。（詳見附錄一）筆者曾教
授越南專班學員（平均年齡在十九至二十三歲間，成員共十二位），
他們對於流行中文歌曲非常感興趣，除了原本的課程內容和教授歌曲
外，甚至會在休息時間用電腦、手機查詢自己喜歡的歌，要求排入學
習進度，或主動詢問歌詞含意，此亦為歌唱活動引起學習動機之例
證。歌唱的力量除了提供語文學習的媒介，有時也是心情宣洩的方
式。在教學現場老師既具備善盡語言教學的職責，同時也常面臨學生
各式各樣的問題，有些是工作上不如意，有些則是初來臺灣卻不能適
應，極度思鄉，有些則是必須面對來自配偶家庭成員的壓力。每個人
的境遇不同，都有礙於語言或現實條件無法表達的心情。因此，學生
在課堂上學習歌唱時，不管歌曲的類型為何，演唱過程中或多或少會
受到音樂和歌詞影響，引發不同情緒反映，再藉由歌聲傳遞心情，如
此不失為一種較溫和的抒壓管道。

　　至於選歌及語言類型，當我們訪談教師時，大部分都表示選歌主
要是配合節慶或單元主題。而在回收問卷中，我們則發現一些有趣的
現象，即性別、年齡、在臺時間長短等，都會影響學生選歌意願。初
級學生大多以老師選定的歌曲為主，且時常要求聆聽家鄉歌曲，有時
也會主動提供與中文歌曲議題相近的母語歌謠，例如來自印尼的學生
選唱鄧麗君〈甜蜜蜜〉，即翻唱蘇門答臘民謠〈划舢舨〉（Dayung
Sampan），〈愛情哪裡來〉則翻唱〈Ayo Mama〉。而中級或學習時間更
長的學生，則對喜歡的歌曲、曲風較明確，也因為生活環境及日用之
故，對臺語、客語歌曲產生興趣。而學生唱中文歌的地點，以家中、
學校為主，在工作場所、KTV 居次。從訪談與回收問卷的情況，可
以反映出教學者和學習者的考量點，和彼此在教與學時思考的異同。

　　薛良（1987）列舉了美國歌唱教師協會手冊中對於歌唱益處的理
由，其中包括了：歌唱有益健康、使面部表情和思想活躍、改善講話

的語調使言談豐富引人入勝、增進記憶力使思想集中、對文句、語彙更加敏銳、有助於理想的探索及個性形成、有助於情感的暢通及個性表達、能自娛娛人等。透過訪談及問卷，我們可以肯定歌唱活動帶來的助益。而歌唱教學的影響及需要留意的部分，引許志榮（2007）所言，在理論方面，音樂與歌曲對於人的生理與心理均具正面效果，至少就具有放鬆學生心情、減少焦慮、提高動機等作用，若著眼於語言學習上也可促進語言能力的增進。在課程設計方面，設計一套設計良善的歌曲教學活動範例，有助於課堂中的效能發揮，也確實能提升教師與學習者教與學的動機與成效。在實作方面，歌曲的選擇應選擇歌詞難度程度適合學習者、歌詞發音沒有謬誤，以及呼應教師的教學目標來選擇歌曲，華語歌曲也必須特別加強利用朗讀，端正聲調模糊化的情況。在教材發展方面，設計完整的歌曲教學活動教材，是可行的未來發展期望。（許志榮，「摘要」，2007）

（三）歌唱活動對文化融合之影響

姚世澤（1997）提出音樂教育八大功能，其中便指出「音樂教育在於提升生活的精神層次，進而了解音樂在人類生活中的價值。」又說「音樂教育可以凝聚傳統文化，增進民族意識。」郭聲健（2004）也針對音樂教育提出四個基本價值，分別是：一、傳承文化；二、發展個體；三、完善教育；四、和諧社會。本文關注外籍配偶在臺學習語言的情況，發現歌唱活動往往是抒發心情、安頓心靈的重要方式之一。例如無論是初來乍到，抑或居臺多年，每逢新年、中秋，總要唱唱應景歌曲如〈新年快樂〉、〈但願人長久〉等，朋友、長輩慶生時要唱〈祝你生日快樂〉，陪伴孩子則需在不同成長階段唱兒歌、流行歌曲。歌詞裡包含了許多風俗和人情故事，也是多元學習的一種。早期政府及學校時常舉辦外籍配偶歌唱大賽，以華語、臺語、客語歌曲為

主，反映了歌唱活動的影響力。如新北市天生國小於一〇一年便舉辦「淡海扶輪盃新住民華語識字歌唱比賽」，指定曲〈我只在乎你〉，自選曲則國語、臺語、客語皆可。這樣的活動持續至今，各大學語言中心也時常可見此類活動，一方面增加語言學習機會，一方面提供師生、家人同樂機會。而近年來由於新住民人數不斷增加，加上國際局勢變化，國人也對新住民有了更多認識，政府開始推動「全國新住民火炬計畫」，其中較特別的是強調體認、尊重、發展多元文化，從以往要求新住民認識、認同臺灣，轉而鼓勵臺灣教師、家庭成員、一般民眾去接觸、理解新住民母國文化風俗，特別是語言學習這部分，也出現新住民母語教學。以歌唱活動為例，也增列新住民母語歌謠，鼓勵新住民二代學習父親／母親原生國之文化風俗。是故，歌唱活動有助於語言學習，也能促進人與人之間和諧共處，增進國際理解、多元文化交流。新住民加入，對臺灣這片土地上的人、事、物均產生影響。以音樂歌曲來說，近十年來歌壇是國語歌、臺語歌鼎盛，漸漸出現一些國、臺語間雜、對唱歌曲，如〈身騎白馬〉、〈王寶釧苦守寒窯十八年〉、〈天黑黑〉、〈望春風〉、〈今生只為你〉、〈天地問相思〉、〈花落淚〉，或多種語言交融，如〈阿娜達〉、〈龍的傳人〉等歌曲，這個現象可以解釋為歌曲唱片業求新求變的自然發展，但也可以解讀成聽眾身分多樣化，喜好、需求不同造成的結果，亦是歌曲體現文化融合產生的新樣貌。

五　結語

　　筆者雖曾教授新住民語言課程，也曾與其他老師交換上課心得、經驗，但始終未能提筆將所見所聞具體整理，落實文字，直到邀請邱宗怡小姐到實踐大學演講記錄片拍攝心得與技巧。她與現場師生們分

享了協助拍攝的美濃南洋姐妹會記錄片「外籍老娘獅子班──識字班二十週年記」，這支影片記錄了一路走來的點滴大事，當年總是被喚作外籍新娘的她們，多年後再稱呼她們為「新娘」也有些名不副實，於是許多人打趣、入境隨俗的自稱「老娘」，帶著第二、三代入鏡，見證時空環境與人的變化。影片末一曲〈日久他鄉是故鄉〉（外籍新娘識字班之歌／交工樂隊《菊花夜行軍》），道出了她們的心聲，也觸發筆者寫作這篇論文的動機。

總結本文所述及訪談、問卷調查結果，得出以下三點結論：

一、近年來政府大力推動理解、融和多元文化，許多活動也以此為目標推行，新住民來自不同國家，在語言、文化學習上，當注意是雙向互動而非單向輸出，這也是教學者需留心的部分。而各地識字班在實際教學上，雖然部分已達到成教、外配分立，但教學現場仍受到教材、經費、生員人數不穩定等原因影響授課進度、品質，學員本身則因經濟、家庭支持度、生育等不確定因素影響學習，這些都是未來政策推行時應考量提出改良、輔導改善的方向。

二、歌唱活動在語言教學中具有一定影響，逐漸由輔助走向專門。由於本身的音樂性、娛樂性，它可以作為課堂調劑，也可以透過完整的設計，單獨發展成專業課程。

三、目前的歌唱教學教材設計，仍有很大的發展空間。以臺灣為例，除了普及率較高的兩套教材外，其他多為各大語言中心設計，或由教師個人編寫的選修課教材，僅限於內部使用，或普及程度不高。透過本文整理，可知設計專門、完整的歌唱學華語教材，是受到師生期待且具發展空間的。

參考文獻

夏曉鵑　外籍新娘在美濃　中國時報　1995年10月17日　線上檢索日期：2006年3月1日。網址http://ngo.formosa.org/mpa/min24.html

夏曉鵑、宋長青、釋自淳　美濃龍肚國小「外籍新娘生活適應輔導試辦班成果報告」　高雄縣：高雄縣政府　1999年

吳美雲　識字教育作為一個「賦權」運動：以「外籍新娘生活適應輔導班」為例探討　世新大學社會發展研究所碩士論文　2000年

邱琡雯　東南亞新娘的教育權——嘉義媳婦識字／生活專班　臺北市：自由時報　1月20日　第13版

林君諭　東南亞外籍新娘識字學習之研究　臺灣師範大學社會教育研究所碩士論文　2003年

柯正峰　臺北縣國民小學辦理外籍配偶識字教育之研究　國立臺灣師範大學社會教育學系在職進修碩士論文　2004年

許明騰　教育部編本外籍配偶成人基本教育教材分析研究　國立臺北教育大學課程與教學研究所碩士論文　2006年

張菀珍、黃富順　我國外籍配偶學習需求與現況之研究　成人及終身教育學刊　第7期　2006年　頁75-101

方德隆、何青蓉、丘愛鈴　新移民成人基本教育教材內容分析：多元文化教育觀點　成人及終身教育學刊　第9期　2007年　頁1-28

許志榮　藉中文歌曲進行對外華語教學活動之設計　國立臺灣師範大學華語文教學研究所碩士論文　2007年

王曉音　唱新歌學漢語　北京市：北京語言大學出版社　2007年

韓　瑜　漢語歌曲在對外漢語教學中的應用　吉林教育學院學報
　　　　2007年　第10期　頁35-37

李麗英　從「發聲」（voice）到「增能」（empowerment）──一個外
　　　　籍配偶教師的創意課程實踐　成人及終身教育學刊　第17期
　　　　2007年　頁22-35

丘愛鈴、何青蓉　新移民教育機構推動新移民教育現況、特色與困境
　　　　之調查研究　臺東大學教育學報　第19卷第2期　2008年
　　　　頁61-94

劉孟甄　桃園縣外籍配偶成人基本教育教材研究　國立臺北教育大學
　　　　語文與創作學系碩士論文　2008年

周映寧　外籍配偶就讀成人補習識字班之培力探討　屏東教育大學教
　　　　育行政研究所碩士論文　2009年

李潮鋆　歌唱教學融入初級華語教學之行動研究──以外籍配偶成人
　　　　教育班學生為例　屏東教育大學華語文教學碩士學位學程碩
　　　　士論文　2011年

劉書劭　許臺灣新住民一個實現幸福的承諾　研習論壇月刊　第136
　　　　期　頁26-57

葉明樺　初級成人華語歌曲教材之設計編寫與教學應用研究　政治大
　　　　學華語教學碩博士學位學程碩士論文　2012年

勞動局勞動力發展辭典　http://laborpedia.evta.gov.tw/link1.asp?did=
　　　　B069&result=yesB069

中華民國駐外單位聯合網站　http://www.taiwanembassy.org/ct.asp?
　　　　xItem=253730&ctNode=2224&mp=2

外籍老娘獅子班──識字班二十週年記　https://www.youtube.com/
　　　　watch?v=rQZ1N9LTiLU

附錄

您好：

這份問卷是用來調查歌唱對學習中文的影響，僅供學術研究使用，個人資料絕對不會外流，請放心，謝謝您的幫忙！

郭妍伶、何淑蘋敬上

Hello, this questionnaire was used to investigate the impact of singing-on learning Chinese. This informantion is being used only for academic research, and will definitely not be passed on to any other party. Thank you for your help!

第一部分：個人基本資料（It is sufficient to answer in English or your language）

1、國籍（country）：＿＿＿＿＿＿＿＿＿＿＿＿＿＿＿＿＿＿＿

2、年齡（age）：

　　☐16-20歲　☐21-25歲　☐26-30歲　☐31-35歲

　　☐36-40歲　☐40歲以上

3、性別（sex）：☐男　☐女

4、婚姻（marriage）：

　　☐已婚 Married　☐未婚 Unmarried　☐其他 Others＿＿＿＿＿。

5、現在的居住地：＿＿＿＿＿＿＿（縣／市）

6、你來臺灣多久了？ How long have you come to Taiwan?

　　☐1－6個月　☐7－12個月　☐1年半　☐2年　☐3年　☐3年以上

7、工作（job）：

　　☐家管 Housewife/husband　☐兼職 Part time：＿＿＿＿＿

☐專職 Full-time：＿＿＿＿＿＿＿

8、你在自己的國家學過中文嗎？學過多久？

Had you ever learned Chinese before you come to Taiwan? How long?

☐沒有　☐有：☐1－6個月　☐7－12個月☐1年半　☐2年

☐3年　☐3年以上

（如果學過，請回答第6個問題。If "yes", please answer the question below.）

9、在哪裡學中文的？Where did you want to learn Chinese?

☐學校 School　☐家教 Private tutor　☐上班的地方 At work

☐自修 By yourself　☐上網 Internet access

☐其他 Others ＿＿＿＿＿＿＿＿＿＿＿＿＿＿＿＿＿＿＿＿＿＿＿。

第二部分：唱歌學中文

1、來臺灣以後，在哪裡學中文？After coming to Taiwan, Where did you learn Chinese?

☐學校 School　☐自學 By yourself　☐上班的地方 At work

☐語言中心 Language Center　☐家教 Private tutor

☐網路 Network　☐政府識字班 Government literacy class

☐朋友間學習 study with friends

☐其他 Others ＿＿＿＿＿＿＿＿＿＿＿＿＿＿＿＿＿＿＿＿＿＿＿。

2、為什麼要學中文？Why did you want to learn Chinese?（可複選 Multiple choice）

☐家裡要求 Home requirement　☐工作需要 Job requirement

☐學校要求 Credit requirement　☐流行 It is fashionable

☐興趣 Interest　☐好奇 Curiosity

☐其他 Others ＿＿＿＿＿＿＿＿＿＿＿＿＿＿＿＿＿＿＿＿＿。

3、你喜歡哪一種學習方法？Which is your favorite method of learning?

（可複選 Multiple choice）

☐老師講解 Teacher to explain　☐看電影 Cinema

☐玩遊戲 Play Games　☐唱歌 Singing

☐聽廣播 Listening to the radio

☐看報紙 Read newspapers　☐實作活動

（ex.煮菜、包水餃、中國結……）Real do activities（ex.cooking,

Dumplings, Chineseknot……）

☐其他 Others _____。

4、你覺得唱歌對學中文有幫助？

Do you think singing to help you learn Chinese?有什麼幫助？What

help?（可複選 Multiple choice）

☐有：

☐學習中文的機會比較多 More opportunities to speak and use Chinese

☐學習文化 to learn about culture

☐學習動機比較多 More motivation to study

☐學的東西比較實用 Can learn more practical things

☐比較有趣 More intertesting

☐進步比較快 Faster progress

☐可以交朋友 Can make friends

☐知道台灣人喜歡什麼 to know what Taiwanese like

☐其他 Others _____。

（請告訴我多一點。Please share more of your ideas with me! It is fine

to answer in English or youe language）

☐沒有

5、你最喜歡唱哪一些華語歌？（國語、臺語、客語都可以）

Which ones do you like to sing Chinese songs?

（1）_____

（2）_____

（3）_____

6、你都在哪裡唱歌？

□自己家 Own home　□朋友家 friend's house

□KTV　□吃飯的地方 lunch room

□其他 Others _____ 。

（請告訴我多一點。Please share more of your ideas with me! It is fine to answer in English or youe language）

你願意接受我的訪談嗎？請留下您的名字和 Email。

Would you be willing to share more of your experiences with me in an interview? If so, please write your email here.

探究遊學戶外教育和體驗學習之
自我實踐與成長

林淑娟*

摘要

本課程之設計，透過體驗課程的設計，培養學生探索之能力。在海外遊學體驗的課程中，遊學者在遊學出發前，已具備資訊應用與iPad操作之科技融入的先備能力，再搭配視訊教學和iPad利用的課程內容，以「國際素養、全球責任感、文化認知」作為培養學生國際觀之內涵。在遊學活動的課程實踐，本校和美國愛德菲大學一起設計適合的課程，課程的學習內容包含了教育部六大學習單元：

一、「自然生態學習」，其範圍含括「生物多樣性區」、「人與環境區」及「人與環境──終生學習網路教材」，開展戶外環境教育之學習。二、「人文藝術學習」，其範圍含括「視覺藝術」、「表演藝術」，體驗肢體律動之學習。三、「歷史文化學習」，其範圍含括「文化交流」、「科技與文明」，領受不同文化底蘊之學習。

本研究以活動課程（Activity Curriculum）為設計原則，採體驗學習（Experiential Learning）與戶外教育（Outdoor Education）做為遊學

---

* 臺北市私立復興小學雙語部國語老師。

者學習心理的基礎，教學技法則運用順流學習法（Flow Learning）、參與觀察法（Participant Observation）為策略來指導由學者，研究結果發現：（一）哲學是教育的普通原理，教育是哲學的實驗室、（二）戶外體驗學習理論與實務結合，施教結果深受遊學者喜愛、（三）遊學者雖然面對文化上的差異，能透過自我反思，達到自我實踐與成長。

最後，根據研究結果提出具體建議，以作為日後辦理遊學活動課程及後續研究者的參考。

關鍵詞：海外遊學、體驗學習、戶外教育

前言

　　因應全球快速發展趨勢，地球村時代的來臨，世界各國聯繫已經變得越來越緊密，人與人之間的距離就像一個村落一樣那麼近，所以為了增加孩子的競爭力及國際視野，現在的家長都會在寒、暑假時選擇將孩子送往海外遊學，來度過充實又愉快的假期。加上配合教育部推出「中小學國際教育白皮書」政策，各校無不竭盡所能朝教育部規劃的國際交流、融入課程、學校國際化、教師專業發展四個推行面向全力以赴。

　　源此，本校和美國愛德菲大學（Adelphi University）一起設計適合的進修課程，課程的學習內容包含了教育部六大學習單元中的「自然生態學習」、「人文藝術學習」、「歷史文化學習」。並融入多元文化教育理念，創造屬於本校的遊學特色課程，建構一個學生可以參與、學習之國際平臺及機會，讓學生可以多元選擇，以世界為教室的學習場域拓展國際體驗學習管道。希望透過學校的海外遊學，提供學生不同文化團體的歷史、文化及貢獻等方面的知識，使學生了解與認同自己的文化，並能欣賞及尊重他人的文化。

　　體驗學習源於西方英文outward-bound，原意為一艘小船離開安全的港灣，駛向波濤洶湧的大海，去迎接挑戰。體驗學習是以學生親身體驗的方式來達到直觀的目的，也就是讓學生直接接觸真實的事物，在聽、看、想的過程中，因有所感覺而加深印象，繼而能夠透過心靈的感受而有所感動，藉此培育對事物觀察、洞察的基本能力（許銘欽，2001）。因此，體驗學習是教育的原點，體驗學習能振奮學生的心靈、孕育學生的表現能力。

　　戶外教育是指走出教室，在戶外的環境中，輔助各項課程教學的一種方法。特別強調直接使用感官的學習，去獲得第一手的經驗與體

驗。但是，戶外教育並不是全然將室內教學內容搬至戶外去教學，很
顯然的，它必須與室內教學互相配合，發揮相輔相成的效果。換言
之，戶外教育始於教室內的初步設計，而發展至師生實際於戶外的探
查。透過戶外所得到的經驗，學生回到教室後，可追求更深入的研究
（周儒、黃淑芬譯，1994）。

在整個遊學活動過程，具體學習內涵包括體驗、教育、研究與推
廣的四大功能。經營團隊以營隊、實驗室課程、科學演示、導覽解說
為其四大特色。此外，歐美世界的教育體制和我們亞洲的教育體制是
截然不同的，他們注重的是小孩們的快樂成長，也強調著「認真讀書
不是唯一」，能夠快樂學習才是重要的，這和臺灣的教育體制有很大
的不同，也互相衝突。學校希望透過海外學習，將學習場域搬到美
東，讓學生跳脫制式的教室學習活動，去領略不同的學習樣式、去經
驗不同的文化洗禮。本研究目的：

（一）探討從戶外教育的體驗學習中，印證哲學是教育的普通原
理，教育是哲學的實驗室。

（二）探討戶外體驗學習理論與實務結合，在施教結果中遊學者
的轉變。

（三）了解遊學者雖然面對文化上的差異，能透過自我反思，達
到自我實踐與成長。

本研究之待答問題：

（一）探討從戶外教育的體驗學習中，是否印證哲學是教育的普
通原理，教育是哲學的實驗室？

（二）探討戶外體驗學習理論與實務結合，在施教結果中，遊學
者有何轉變？

　　（三）了解遊學者雖然面對文化上的差異，是否能透過自我反思，達到自我實踐與成長？

一　文獻探討

　　西方近代教育學家多提倡旅行學習，而早在一千年前，就已行之於交通不便的中國了。如宋代胡瑗（胡安定），是私人講學著名的作者。胡氏注重旅行教學，若要增廣學生的見聞，應多帶學生旅行，始能得益。本節先從體驗學習與戶外教育之源起至發展談起，再導入兩者之理論基礎，作一系統性之介紹。

（一）體驗學習

1 源起

　　十六世紀文藝復興運動時期，法國教育家蒙泰尼（Montaigne, 1533-1592）於「兒童教育論」上說：「我主張學生還年輕的時候，就要送他到外國，使他和別人接觸，受些磨練，藉以增進他的智力，使他知道世界就是一面大鏡子，可以照見別人，也可以照見自己。使其知道世界之大，是無奇不有的，同為一類的東西，也有多種樣子，使其知道世界是一冊很大的書籍。」

2 萌芽時期

　　到了十七、十八世紀的啟蒙時期，自然主義代表人物法哲盧梭（Jean Jacques Rousseau, 1712-1778），其主要教育思想「返回自然」，主張實物教育是最佳的教材，教育中應引導學生與自然界建立親密的關係，多透過感官讓學生自然而然地學習，如此的學習才是真正地學習。

　　裴斯塔洛齊（Johann Heinrich Pestalozzi, 1746-1827）受到盧梭強烈的影響，提出統合身體與精神運作的「直觀教學法」，其教育思想就是鼓勵學生充分運用感官與大自然界接觸。

3 開花時期

　　義大利教育家蒙特梭利（M. Montessori, 1870-1952）重視兒童的「發現」。兒童對各種事物都感到新奇，而且對於新事物具有強大的吸收能力，認為這有助於兒童創造力的發展。「遊戲」是兒童自發的行為，在輕鬆的氣氛下，讓兒童快樂地接觸「思考」，此一時期是體驗學習理論的開花時期。

4 定型時期

　　在二十世紀初，實用主義是美國本土化的一種哲學，強調「有用即為真」的真理觀，與兒童生活經驗相關聯的實用知識，就受到進步主義學者的青睞，特別強調實用科學、從做中學等教育新觀念。此種學習方式正符合美國教育家杜威（John Dewey, 1859-1952）所帶動的進步主義教育改革運動，即「教兒童，而非教學科」（Teach the Child, Not the Subject），「以兒童為中心」、「從做中學」（Learn by Doing）重視經驗學習的教育理念。

　　體驗式學習起步甚早，十六世紀文藝復興運動時期就已新芽初萌，在時間的洪流裡，有更多的學者繼之並提出看法與方法，在二十世紀茁壯成長，引領風潮。

　　體驗式學習致力於一個非常不同於說教式教學方式的學習訓練，且不限於某領域、某學科，因擁有不同的品質與特質，只要課程設計給予參與者在各方面投入整個學習，其學習影響被有效地重新評估

時，參與者在智力上、情緒上，及行為層面的整合上都會有所學習，成果將顯示在參與者實際的態度與行為改變上。

（二）戶外教育

戶外教育，通常是指在戶外進行有組織性的學習活動。戶外教學課程包含住宿或旅行經驗，學員能參與各種不同的冒險挑戰，戶外教學採用的是體驗教學和環境教育的中心思想和理論。

研究結果指出，美國在一九三〇年代，學校的戶外教育方興未艾，且當時使用的名詞是「露營教育」（Camping Education）。簡言之，戶外教育起源於人類早期從戶外的學習經驗，之後露營教育、保育教育、課程導向的戶外教育，以至一九七〇年代，環境教育興起，許多環境教育的實施都強調藉由戶外教育的方式來進行，所以戶外教育曾經一度是環境教育的同義詞。

二〇一三年一個全國性的校外教學抽樣調查中，四六二八二名的國小四、五年級以及國中一、二年級學生中有百分之四十六點七的學生表示非常喜愛校外活動，而高達百分之四十點六的學生認為每年應辦理校外教學六次以上。幾年前「失去山林的孩子」[1]轟動教育界，就是在呼籲拯救「大自然缺失症」兒童，在3C 產品充斥的現代生活裡，許多人都因為不再親近自然，因而產生了很多身心方面的問題和缺失，如果再不重視優質戶外教育，我們國家的未來競爭力將會一點一滴流失掉[1]。

讓學習走到戶外，現今學校教育無不致力於自己的特色課程，並從中思考如何能達到課程發展基本理念中「人與自然層面」的互動、「與自然環境之間的圓滿完整」的共好目標。

---

1 賴榮孝：《優質的戶外教育──別讓孩子繼續在教室關十二年！》（臺北市：親子天下出版社）。

二　體驗學習與戶外教育之理論基礎

承上所述，體驗學習理論自十六世紀以來至今，已累積豐富的論述，而戶外教育始自一九三〇年代，至今已漸趨向永續地球的教育。本節將「體驗學習」、「戶外教育」之理論基礎系統化，進而整合「順流學習法」、「參與觀察法」，並依此主要核心，應用於教學實例中。

（一）體驗學習

體驗學習（Experiential Learning），其主要的教育哲學及理論架構是整合自教育家杜威（John Dewey）的「做中學 Learning by Doing」、Kolb 的體驗學習圈（Experiential Learning Cycle」、認知心理學家皮亞傑（Jean Piaget）的認知發展論（Theory of Cognitive Development），依此模式，透過學習需求診斷、課程設計、活動方案引導，遂行各項訓練發展的目標。

1 從杜威的「做中學」看體驗學習

杜威所言之做中學（Learning by Doing），即主張教學應以學生為主體，讓學生親自觀察與經驗，用腦去想，用手去做，以培養學生願意主動且自動自發的學習精神。因此，體驗學習的定義開始於體驗、內省、討論、分析及評估。

2 Kolb 體驗學習圈

體驗學習圈是體驗學習理論的實際應用，雖然經驗學習的理念來自於杜威，最具代表性的是 Kolb（1984）四階段學習圈，是由體驗、反思、歸納、應用與再回到體驗所組成的模式，如圖一所示。就是任何一個經驗產生不但是連續的，也會影響未來的某一個經驗。使

用合適活動設計，運用合宜的內省及分享方式，便成為體驗教學成效之重要因素。

圖一　體驗式學習的循環過程

（二）戶外教育

根據國內戶外教育實務者李崑山（1996）指出，戶外教育奠基於以下理論基礎。

1 從皮亞傑的認知發展論看戶外教育

皮亞傑（1896-1980）認為人的成長過程中，認知發展可分為感覺動作期、前操作期、具體操作、形式操作四期。從進幼稚園（或托兒所）到小學一、二年級的學生，屬於前操作期階段（2-7歲），此期的學生開始能使用有組織的語言，但是，由於容易受知覺的影響，仍無法進行邏輯的思考和推理，對於知識的學習，必須靠具體實物來幫助其思考，因此戶外探索教學，藉由自然環境中的具體景物與素材，結合學習單的實作活動設計，將更有助於此階段學生之學習模式。

2 從戴爾的經驗塔看戶外教育

美國教育學者戴爾（Edgar Dale）在其視聽教學法中所開發之經驗塔（The Cone of Experience），他認為學習是讓學生運用其全部感官來親身參與，有效的學習方式，必須充滿具體的經驗，教育應從具體經驗著手，逐步延伸到抽象。

3 從布魯納的發現教學法看戶外教育

布魯納倡導發現式學習法（Discovery Learning），是一種協助學生獨立學習，讓學生能依照其自發的興趣，滿足其好奇心，發揮其能力的學習方法，設計有利於學生探索之各種情境，且引導學生去發現，益於學生有效學習。

4 從建構主義看戶外教育

在當代科學教育理論中，崛起了一個相當特別的學說──建構主義（Constructivism）。「建構主義」對知識成長的看法，主張學生是學習的主體，老師只是協助者，知識是由具備認知能力的學習個體主動建構，而非被動接受。

5 從戶外教育到順流學習法

戶外教育是一個能使學生獲得環境敏感度與美感的教學途徑，其教材設計可以參考約瑟夫・柯內爾（Joseph Cornell）以啟發參與者覺知自然（Nature Awareness）為目的所指出的理念、原則與步驟。戶外教育的五個原則分別是：（1）少教多共賞；（2）傾聽學生的意見：（3）掌握學生的注意力，激起眼、耳、鼻、心等的敏銳感官能力；（4）先看、先聽、先體驗、後說；（5）讓喜悅的感覺瀰漫整個體驗的過程。

綜言之，順流學習法是藉由遊戲式的活動引起學習者的熱誠，將熱誠引導到一個安靜的焦點上，集中學習者注意力，感官因而敏銳，帶領學習者走入自然界的節奏和世界的律動，最後將所感受到的歡欣、啟示、領悟、鼓舞等情感和同伴分享。順流學習法的主旨就是讓每一個人獲得活生生的，提升自我的自然經驗（方潔玫，1994）。

近年來戶外體驗學習活動，伴隨九年一貫的綜合活動領域課程之實施而更行普遍。應多鼓勵教育人員帶領學生從教室走出戶外，直接觀察體驗，進而建立深厚的認知和情意，同時也可以學習到豐富的技能。由此可見，體驗學習和戶外教育的教學情境十分相似，比起傳統學科更強調動態和立體的學習。

三　研究方法與步驟

本研究屬於探索性研究，首先蒐集與分析文獻資料，以探討「體驗學習」（Experiential Learning）、「戶外教育」（Outdoor Education）之理論基礎與「順流學習法」（Flow Learning）、參與觀察法（Participant Observation）教學技巧。同時藉由參與觀察及訪談法為主要研究途徑，深入了解二〇〇五至二〇〇六年戶外體驗學習課程現況，一方面釐清研究課題的脈絡，另一方面將兩者之理論基礎系統化，進而整合順流學習法，以此為主要核心，來連貫上述理論與實務。

（一）研究場域與研究對象

本研究的研究對象，以就讀臺北市某私立小學參加暑期海外遊學研習營的五年級和六年級學生，以下就研究場域的小學、遊學者背景加以說明。

1 研究場域

本研究場域是指研究者所任教的私立○○小學。本校暑期海外遊學研習營，已舉辦了八年，學校團隊直接和美國愛德菲大學（Adelphi University）大學合作，一起設計課程，直接進駐大學裡面學習、上課、生活，深受學生喜愛與家長肯定。

2 研究對象

本研究以研究者所任教學校之暑期美東遊學團為研究對象，參加遊學者是本校五、六年級的學生為主。

3 合作學習的美國愛德菲大學

海外暑期研習營——海洋科學及戲劇學習，接待中心——愛德菲大學（Adelphi University），愛德菲大學成立於一八九六年六月二十四日，是紐約長島最早設立的高等教育學府之一，目前在全美排名第一百三十八，已有二百年歷史，設有大學部及研究所。此大學以其優越學術研究及表演藝術系所著稱，主校區位於紐約的 Garden City，擁有超過八千位學生及三百三十五位全職教職員。

（二）研究方法

在研究實施的過程中，透過老師的共同備課、師生的互動，及教學反省的歷程，修正教學模式，讓遊學者和老師雙方都有成長，並輔以參與觀察法及深入訪談法。

1 參與觀察法（Participant Observation）

是一種實地觀察（Field Observation）或直接觀察（Direct Observation），研究者為了對一個團體有所謂的科學了解，而在該團體內建立和維持多面向的長期關係，以利研究的過程。採取參與觀察法的原因在於筆者的研究對象是戶外場域、教育人員及學生，故須參與戶外體驗活動，藉此觀察課程施行、解說員、學生及教育行政的互動關係。

2 深入訪談法（In-Depth Interview）

是指研究者依據調查題綱進行直接交談、收集語言資料，是一種口頭交流式的研究方法。主要特點是採用對話、討論等面對面的交談方式，是雙方相互作用、相互影響的過程。以該教學場域教育人員、學生為訪談對象，進而探討教學活動設計、教育行政的優缺點、學生學習的感受，以作為課程與教學修正之依據。

整個研究流程共分為三階段，從界定問題到文獻探討為準備階段；選定戶外教育地點後，與相關場域教育人員研討並擬定活動主題，設計出適合小學高年級學生的課程與教材，經修正後實施教學，以參與觀察輔以訪談記錄，來了解學生的學習成效，此為執行階段。綜合階段為待每一梯次活動結束時，報告建議事項與改進教學策略，以做為日後援例辦理之基石。

四　教學活動之實施

本校海外遊學研習營共二十三天，前後為遊覽參觀，中間兩個星期時間在愛德菲大學（Adelphi University）大學上課。在遊學出發前，為充實遊學者先備知識，透過遊學前相關場域的老師共同備課，設計教學活動課程和數位學習的運用，擬定專題導向式學習（Project-Based Learning，簡稱 PBL），作為主要教學策略。為了給每位參與課程的學生不一樣的體驗，乃是本著動態、可操作的活動特

性，從課程的體驗、反思、應用及實踐中來進行課程設計。採體驗學習與戶外教育做為學生學習心理的基礎，教學技法則運用順流學習法為策略來指導學生。

（一）準備階段——前端教學活動

採共同備課的方式設計課程，遊學的活動中，有英語課程的訓練、社會領域的納入、自然與科技領域的授課、資訊教育的融入和生活教育的訓練。召集這些相關領域的老師，一起討論、一起備課、一起設計、一起對話，並透過教學和學生互動中塑造可讓學生自己探索學習的情境，鼓勵學生提出問題，而不是提供學生預先準備齊全的答案與知識。希望在遊學者的先備知識與經驗上有一定程度的學習與認知，待實際遊學研習時方能與愛德菲大學設計的課程連結，學習過程順利並收穫豐盈。

茲將前端教學活動陳述如下：

1 數位學習的應用策略

資訊科技融入短期海外遊學團行前訓練課程：

（1）iPad

將教學元素與行動載具結合在一般課程結合了平板電腦的雲端應用後，除了讓學習的觸角從紙本的平面學習延伸到網路的整合應用，也活化了教與學課程活動的多元性。學生在課堂的學習中，不僅習得資訊的操作技巧，也從網路的多元訊息裡學到知識整合的應用能力。

本課程活動，由教師設計的先備課程，運用資訊的不同功能與軟體特性，引導學生從書本內容為基礎，延伸至網際網路資源與 e 化設備的應用。依照課程的進度，在課程進行中，透過 wiki 或搜尋的工

具，培養學生從網路上蒐集學習資源的能力，透過心智圖的應用，培養學生組織與分析學習資源的可用性與參考性，統整學習的資訊內容。在課程實施進行中，引導學生能運用相關的設備，以相片、影片與文字的形式，協助並記錄、彙整。

學生利用 iPad 等資訊設備，設計、整合在課程活動中所習得的知識，透過 iPad 與雲端系統的整合（moodle、Google Classroom、eknow），教師能更具體化掌握學生在學習動中的學習成效，掌握教學的步調，調整教學的內涵。

（2）視訊

在遊學課程的學習過程，教師透過遠端視訊課程活動，利用 Cisco Codec 與遠端的美國國家公園、海洋世界、動物園等，進行遠距虛擬體驗課程。學生從虛擬課程中，可以預先認識遠端的環境，對於環境中的人、事、物以及文化、歷史、有了學習的先備經驗。

除此之外，學校特別聘請遊學活動的愛德菲大學學校教授，透過遠距視訊與遠端學習管理平台，針對孩子開設不同的學習課程，例如：海洋環境、國際環境保護、生態等各式課程，孩子在課程活動中，除了習得專業領域的知識，更從不同的文化思維，用不同的角度學習。

2 其他各相關課程的統整

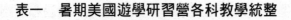

表一　暑期美國遊學研習營各科教學統整

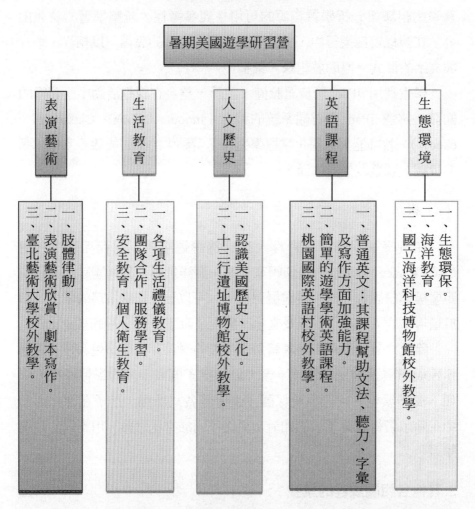

　　遊學活動之設計理念，對於教師而言，乃在於凝聚教師團隊，提升教師專業成長，進而在教學上獲得成就感；對遊學者而言，期望透過合作學習與人群互動，提升其信心表現，並藉由老師的成長和專業知識的累積，遊學者在課程活動中，除了習得專業領域的知識，更從不同的文化思維，用不同的角度學習。

以學生為中心，從真實的生活情境中導入，引導學生思考各個面向，並比較各個不同文化背景的差異。從多元文化的觀點，探討臺灣與世界各國的差異，進而能夠尊重每一個生活在不同文化背景的人。在遊學研習營的體驗課程，不僅是要孩子習得語言，拓展視野，更期待學生在學習的過程，學習更謙卑的面對環境，更細膩的用不同思維學習文化。

（二）執行階段──啟程遊學活動

1 課程目標

課程的學習內容包含了教育部六大學習單元中的「自然生態學習」、「人文藝術學習」、「歷史文化學習」。在為期二週的海洋科學及戲劇研習營中，提供遊學者頗具挑戰性的一系列海洋科學教育課程，並介紹學生有關戲劇編寫及製作過程，於課程結束前將有學生的戲劇演出，並進行記錄。暑期課程提供二大學習目標：

（1）提供有關海洋科學學習經驗之旅

（2）提供學員及隨行者具多樣性及娛樂性的美國文化經驗之旅

教學活動運用順流學習法具有四個自然、平穩、循序、漸進的階段：第一階段──喚醒熱誠、第二階段──集中注意力、第三階段──直接體驗、第四階段──分享啟示。

2 課程介紹

（1）「自然生態學習」，其範圍含括「生物多樣性區」、「人與環境區」及「人與環境──終生學習網路教材」，開展戶外環境教育之學習。

愛德菲大學以長島南岸河流出海口（Long Island South Shore

Estuary）的西區海灣（Western Bays）作為自然的戶外實驗場。課程以西區海灣（Western Bays）及瓊斯海灘（Jones Beach）的生態環境為戶外教學站，提供有關海洋科學學習經驗之旅，另外輔以戶外教學的體驗學習活動，茲分述如下：

表二　自然生態學習課程介紹

生物多樣性區	海浪及海洋環流的教學活動
	瓊斯海灘（Jones Beach）進行生物及地質採集，並觀察了解海洋特性
	解剖鯊魚進行生物構造觀察
	鹽沼生態系地質化學循環的教學活動
人與環境區	海灘及鹽沼生態系的教學活動
	美國自然歷史博物館戶外教學
	瓊斯海灘野餐及游泳
	西區海灣（Western Bay）及鹽沼生態系戶外教學
	布魯克林區的紐約水族館戶外教學（New York Aquarium）
	羅斯福自然中心進行教育導覽及野餐
	柯尼島主題樂園及海邊木棧道觀光區
人與環境──終生學習網路教材	學生分組進行學習經驗的呈現分享
	鹽沼區參與由 SPLASH 民間組織發起之環境清理活動
	頒獎活動及分享心得

　　體驗學習所涵蓋的範圍很大，凡是以活動為開始、先行而後知、以學生為中心，引導學生至戶外親身體驗大自然、參與社會服務、實地進行調查、訪問、參觀、實驗、實際進行討論或發表等真實活動，

並經由省思與分享，以覺察活動意義與價值，達成學習目標，都可以算是體驗式學習。

不僅習得有別於臺灣的課程內容，完整且縝密的海洋生態課程讓遊學者感到濃厚的興趣，更在戶外的體驗學習中，直接體驗大自然的奧妙。最後再分組報告，將所學所得所思和大家分享。

（2）「人文藝術學習」，其範圍含括「視覺藝術」、「表演藝術」，體驗肢體律動之學習。

提供具多樣性及娛樂性的美國文化經驗之旅，介紹學生有關戲劇編寫及製作過程，於課程結束前將有學生的戲劇演出，並進行記錄。並至百老匯觀賞《獅子王》，進行一場震撼的戲劇學習體驗。拜訪頗富人文氣息的中央公園（Central Park）和林肯中心及觀賞表演。

（3）「歷史文化學習」，其範圍含括「文化交流」、「科技與文明」，領受不同文化底蘊之學習。

一、拜訪華盛頓特區；二、賓州／自由鐘；三、紐約市區觀光，哥倫比亞大學、聯合國；四、大都會球場觀賞棒球賽；五、參觀艾波卡特中心（Epcot Center）；六、迪士士尼世界遊覽；七、參觀甘乃迪太空中心。

學習能夠且應該是一個令人享受的過程，戶外訓練，經由活動的安排及設計，使學習者身歷其境，在學習之情境中實踐、體驗及反思，以建構學習者新經驗之體驗式學習教育的典範，由傳統以教師為主體之「教師教」轉移至以學生為主體之「學生學」，於是「學習與經驗」、「經驗與學習」產生了密切的連結，將會激發出更具體、更深刻、更持久的學習。

省思　實踐

體驗

（三）綜合階段──收穫滿行囊

在參與暑期遊學營中，多元多樣學習活動的深入參與以及高度支持與激勵的環境，是遊學者產生經驗學習與轉換學習等深度的學習經驗的主要原因。學習效益可歸因於有關學習者、主辦接待者、雙方學校、當地環境脈絡，及方案設計等各種因素，這些因素彼此亦在異國環境中相互影響，並具有深度的啟示。

在遊學過程中，讓遊學者透過探索教育，去探索自己體能的極限，去探索自己真正的內心，也去探索自己的團隊；希望透過探索教育，讓遊學者越能了解自己，越知道自己在團體中所扮演的角色。

此美國暑期遊學營的學習效益遠大於僅是英語的學習，且包含不同程度之文化學習、以及個人成長與專業成長。而且藉由跨文化服務學習活動能夠有效地發展參與者的多元文化能力，此外，參與者在活動中得到自我認同，也進而影響自身多元文化能力的增進。

五　結論與建議

針對研究結果，檢核研究之出所提出的四項研究目的，以做成結論。同時，根據研究結果，進行檢討並提出相關建議。

（一）結論

1 從戶外教育的體驗學習中，印證哲學是教育的普通原理，教育是哲學的實驗室

杜威指出：「哲學是教育的普通原理，教育是哲學的實驗室」。教育歷程包括各種知識的傳遞，包括科學、歷史、道德等不同的思維形式，而知識論主要在探討知識的來源與結構。

在遊學中學校設計的戶外教育以體驗學習的內容，在課程設計或教學安排，遊學者學得哲學思考的能力，包括推理、想像、分析和批判等，培養其正確的哲學觀念和能力。

教育的實施必須以哲學理論作為依據；哲學的價值，必須以教育實施的結果來考核。

2 戶外體驗學習理論與實務結合，在施教結果中，遊學者有很大的轉變

教育是開發人類潛能的過程，而兒童原本就具有一定的潛能，教育的任務就在於提供適合、良好的環境，使其固有的能力能依循自然的順序充分發展。體驗學習的種類很多，從體驗服務中，學習服務的知能、培養服務的態度，進而感受服務的樂趣。體驗戶外活動時，學習戶外探索的知能，培養面對挑戰的態度，進而感受冒險帶來的樂趣。在體驗美景裡，學習保護自然環境的知能，培養喜歡欣賞自然的態度進而感受生活在自然中的樂趣。

遊學者在遊學過程，離開家庭舒適圈，和同學、師長一起生活、一起學習，從各種體驗中，不管是我、我與人、我與自然，都獲得成長與轉變。

3 遊學者雖然面對文化上的差異，能透過自我反思，達到自我實踐與成長

　　遊學是一個設計過、有目的性的「課程」。也就是走出傳統教室，將教育推向全球，以全球為學校，提供的教育內容是多方面的、多樣態的，而且從體驗學習活動中教學生興趣、態度、價值和理想；其潛在課程藉不同的環境、氣氛、文化下，去欣賞並尊重世界上的樣貌多端，讓遊學者領受不同文化差異。

　　學生增加了自己的人生閱歷，視野更加開闊，更加獨立自主，增加了自信心與勇氣。體驗學習後，鼓勵學習者充分融入認知過程，培養對文化多樣性價值的一種尊敬與欣賞的態度，發展在文化多樣的環境裡，能有效運作多元文化的能力。使學習具有生命力，主動去詮釋理解，建構理念，擴增個人經驗，使學習能成為理性創造、反省與重建的過程。

（二）建議

　　暑期海外遊學的體驗學習，因包含多元且異質性高的學習活動，多元學習活動的深入參與，帶領學習者拓展學生的學習視野，被視為一收穫豐富且具深度的學習經驗，而提高遊學經驗之意義與價值。

　　老師的教學方式改變，學校的經營策略創新，學生的學習也才能跟著不同。看到了遊學者在學校遊學課程規劃和老師課程設計下的改變與進步，這是最深的感動！在研究過程中，研究者也可以擴展專業知識，提升專業效能，成為終身學習者。並在國際交流、融入課程、學校國際化、教師專業發展四個推行面向時全力以赴。

　　在遊學教育活動實施時，因為學校課程和遊學先備課程同時施行，在教學時間上互搶時間且時間有限，無法在遊學前將各方面完整

知識和經驗傳承作更完備的施教、訓練，是其可惜之處。

　　現在風行的「共同學習」，也能適用於遊學教育，透過合作學習可以提升遊學營成員的向心力和凝聚力，增加彼此互動，增進小組成員情感，促使組員凝聚共同體的心理感受，讓學生從被動的知識接受者蛻變成主動的知識追求者，相互學習及經驗交換，同時提升知識、情意、技能能力，更能落實新興議題中均提倡的「自主學習」精神。且能表達自己的看法，也學會尊重他人看法與互相幫助的團隊精神，成就個人和團體的雙贏局面。以上是診斷學校在推動國際交流相關業務時應注意及改進方式。

參考文獻

一　專書

Warnier, J. P. 著，吳錫德譯　文化全球化　臺北市：麥田出版社　2003年

張春興　教育心理學　臺北市：東華書局　1994年

R. Palan 主編，McMichael, P. 著，黃東煬、陳立譯　全球化是趨勢或計畫　全球政治經濟學：當代的理論　臺北市：韋伯文化公司　2006年　頁151-171

遊學遊出競爭力　臺北市：墨刻文化出版公司　2009年

二　論文

朱珮馥　以旅遊涉入與反思觀點探討海外遊學經驗與地方依附　靜宜大學碩士論文　2013年

宋莉萱　國小家長社地位與學生家庭教育投資之探討──以嘉義縣國小為例　國立嘉義大學碩士論文　2006年

吳珮瑜　傳統教室與網路教學環境中思考風格、學業成就與學習態度之研究　國立交通大學資訊管理研究所碩士論文　2005年

吳學偉　國際教育對高中生英語學習態度及學習成效之影響──以國立虎尾高中海外遊學為例　亞洲大學碩士論文　2013年

吳憶妃　父母英語學習態度與父母期望、參與及子女英語成就之相關研究：以臺北市萬華區大安區為例　國立臺灣師範大學碩士論文　2009年

李璧瑩　資訊科技對海外遊學團行前訓練成效之影響　國立嘉義大學
　　　　碩士論文　2011年

翁一珍　超越語言學習：大學教師參與美國暑期遊學團之學習經驗
　　　　高雄師範大學碩士論文　2013年

張淳惠　遊學對國中生英語學習態度與英語學習成效之影響　靜宜大
　　　　學觀光事業學系研究所碩士論文　2005年

許雅芬　遊學對英語教師在文化認知、教學發展及教學素養上之洞悉
　　　　研究　國立高雄師範大學英語學系碩士論文　2005年

黃思瑋　藉由跨文化服務學習經驗發展英語為外語學生的多元文化能
　　　　力　國立高雄應用科技大學碩士論文　2014年

曾祺　　跨國的觀光文化產業——以臺灣美國遊學團的生產與遊學生消
　　　　費經驗為例　國立東華大學碩士論文　2011年

彭逸芳　新北市國小教師多元文化教育素養覺知與教師在職進修方式
　　　　偏好之研究　國立臺灣師範大學碩士論文　2011年

楊唯欣　國外短期遊學對學生英語學習態度與英語聽力成效影響之研
　　　　究　國立彰化師範大學　碩士論文　2013年

端木憲薇　影響家長對中、小學生海外遊學之決策因素分析　中華大
　　　　學碩士論文　2011年

三　期刊

王全世　資訊科技融入教學之意義與內涵　資訊與教育　第80期
　　　　2000年　頁23-31

王如哲　比較與國際教育初探　比較教育　第46期　1999年　頁67-82

石中英　哲學視野中的學習成就　教育資料與研究雙月刊　第73期
　　　　2006　頁1-10

余民寧　影響學習成就因素的探討　教育資料與研究雙月刊　第73期　
　　　　2006年　頁11-24

余梅香　海外遊學參與者之行前發展、文化適應、全球觀與個人發展
　　　　評估　餐旅暨家政期刊　第5卷第2期　2008年　頁163-184

吳武典　影響學生學習的因素　教育文摘　第16卷第 15期　1971 年　
　　　　頁5-32

林志成　行動知識在教育行政上之實踐與省思　新竹師學院學報　第
　　　　15期　2002年　頁37-68

教育部　中小學國際教育──專業知能研習會　國立中正大學　
　　　　2011a

教育部　中小學國際教育──實務工作坊　國立中正大學　2011b

鄧志文　行動學習背景下高中教學設計的案例──基於上海市三林中
　　　　學「未來課堂」專案研究實踐　兩岸城市教育論壇──Easy
　　　　Learning, Learning Together　臺北市教師研習中心　2014年

謝春菊　海外澳洲遊學初探　教育研究與發展期刊　第5卷第3期　
　　　　2009年

Kolb, D. A. (1984)　Experiential Learning, Englewood Cliffs, NJ: Prentice-
　　　　Hall.

文化生活叢書 1300001

多元新文化，跨域創新機——臺灣新銳學者的人文新視界

主　　編	孫劍秋
編　　輯	邱凡芸、李侑儒、蔡雅如
特約校稿	林秋芬

發 行 人	陳滿銘
總 經 理	梁錦興
總 編 輯	陳滿銘
副總編輯	張晏瑞
編 輯 所	萬卷樓圖書股份有限公司
排　　版	林曉敏
印　　刷	品牘印刷設計
封面設計	斐類設計工作室

發　　行　萬卷樓圖書股份有限公司
　　　　　臺北市羅斯福路二段 41 號 6 樓之 3
　　　　　電話 (02)23216565
　　　　　傳真 (02)23218698
　　　　　電郵 SERVICE@WANJUAN.COM.TW
大陸經銷　廈門外圖臺灣書店有限公司
　　　　　電郵 JKB188@188.COM
香港經銷　香港聯合書刊物流有限公司
　　　　　電話 (852)21502100
　　　　　傳真 (852)23560735

ISBN 978-957-739-997-7
2016 年 5 月初版一刷
定價：新臺幣 400 元

如何購買本書：

1. 劃撥購書，請透過以下郵政劃撥帳號：
　帳號：15624015
　戶名：萬卷樓圖書股份有限公司

2. 轉帳購書，請透過以下帳戶
　合作金庫銀行 古亭分行
　戶名：萬卷樓圖書股份有限公司
　帳號：0877717092596

3. 網路購書，請透過萬卷樓網站
　網址 WWW.WANJUAN.COM.TW

大量購書，請直接聯繫我們，將有專人為
您服務。客服：(02)23216565 分機 10

如有缺頁、破損或裝訂錯誤，請寄回更換

國家圖書館出版品預行編目資料

多元新文化,跨域創新機：臺灣新銳學者的人
文新視界 / 孫劍秋主編.-- 初版.-- 臺北市：
萬卷樓, 2016.05
　面；　公分.--(生活文化叢書)
ISBN 978-957-739-997-7(平裝)
1.臺灣文化 2.多元文化 3.文集
733.407　　　　　　　　　　　105006441